Grau 15
Cavaleiro da Espada
e do Oriente

EDIL EDUARDO PEREIRA

Grau 15
Cavaleiro da Espada e do Oriente

© 2021, Madras Editora Ltda.

Editor:
Wagner Veneziani Costa (*in memoriam*)

Produção e Capa:
Equipe Técnica Madras

Revisão:
Silvia Massimini Felix
Jaci Albuquerque
Neuza Rosa

Dados Internacionais de Catalogação na Publicação (CIP)
(Câmara Brasileira do Livro, SP, Brasil)

Pereira, Edil Eduardo
Grau 15: cavaleiro da espada e do oriente/
Edil Eduardo Pereira. – São Paulo: Madras, 2021.
Bibliografia.
ISBN 978-85-370-1115-7
1. Maçonaria 2. Maçonaria – Rituais 3. Maçonaria –
Simbolismo I. Título.
17-11643   CDD-366.12

Índices para catálogo sistemático:
1. Maçonaria: Simbolismo do Décimo Quinto Grau:
Cavaleiro da espada e do oriente: Rituais:
Sociedades secretas 366.12

É proibida a reprodução total ou parcial desta obra, de qualquer forma ou por qualquer meio eletrônico, mecânico, inclusive por meio de processos xerográficos, incluindo ainda o uso da internet, sem a permissão expressa da MADRAS Editora, na pessoa de seu editor (Lei nº 9.610, de 19/2/1998).

Todos os direitos desta edição reservados pela

MADRAS EDITORA LTDA.
Rua Paulo Gonçalves, 88 – Santana
CEP: 02403-020 – São Paulo/SP
Tel.: (11) 2281-5555 – (11) 98128-7754
www.madras.com.br

ÍNDICE

1. Origem e Tema 7
2. Lenda 9
3. Filosofia 13
4. Leitura do Livro da Lei 15
   4.1. Comentários 16
5. Resumo 25
6. Comentários 27
7. Descrição do Painel do Grau 15 31
   7.1. Simbolismo 32
8. Iniciação 53
   8.1. Conceito 53
   8.2. Cerimônia de Iniciação 58
9. Instrução do Grau 15 89
   9.1. Instrução do Grau 89
   9.2. Comentários 92
   9.3. Ponte de Gabara (L.D.P. =
   Liberdade de Pensar) 93

5

9.4. Liberdade (Limite da razão) 94
10. Avental e Colar 105
    10.1. Simbolismo 105
11. Símbolos do Grau 15 111
    11.1. Ponte de Gabara 111
    11.2. (L.D.P. – Liberdade de Pensar 111
    11.3 Espada 112
    11.4. Trolha 114
12. Realizações de Zorobabel 115
13. As Palavras e os Números 119
    13.1. As Palavras 119
    13.2. Os números: sete e setenta 139
Bibliografia 145

1.

ORIGEM E TEMA

Este Grau pertence à quarta categoria dos graus israelitas e bíblicos. É consagrado aos heróis libertadores de sua Pátria. Sua interpretação é: luta incessante para o progresso pela razão. O objetivo deste Grau é fazer sentir que, sendo o homem livre por direito natural, sua liberdade pessoal não pode ser atacada pela lei, a não ser que a lei seja realmente a harmonia entre os direitos do homem isolado e os deveres do homem em sociedade.

Neste Grau devem ser examinados principalmente os motivos que levaram os judeus ao cativeiro da Babilônia e a razão dos esforços para a libertação de Jerusalém, por aqueles que conseguiram sobreviver e conservar a Fé e as virtudes recomendadas por Deus.

Os ensinamentos se desenvolvem sobre a deportação dos israelitas e sua escravidão por setenta anos, na Babilônia; a permissão para a reconstrução do Templo de Jerusalém; a libertação dos ornamentos e joias do Templo; a elevação de Zorobabel a Cavaleiro da Ordem de Ciro; a recepção de Zorobabel por Ananias; a designação de Zorobabel para Chefe da Nação Judaica e a construção do Segundo Templo.

A Maçonaria, neste Grau, faz o maçom vivenciar a personalidade de Zorobabel, o construtor do Segundo Templo, para ensinar que somente a integral fidelidade aos juramentos prestados poderá levá-lo ao conhecimento da Verdade. Daí a dificuldade na construção do Segundo Templo, pois o obreiro, além de manejar a trolha, tinha de estar vigilante com a espada na outra mão.

Este Grau enseja que o maçom deve vigiar seus atos e pensamentos para seu progresso e evolução permanente.

2.

Lenda

A Lenda do Grau é assim descrita:
O Senhor inspirou a Kurosh, rei dos persas, que fez uma proclamação a todos os seus povos, dizendo: Kurosh, rei dos persas, assim fala: "Yanjah Alochi, no céu, deu-me todos os reinos da Terra e encarregou-me de edificar uma casa para Jerusalém, em Judá. Quais dentre vós pertenceis a esse povo? O Senhor seu Deus está comigo". Essa proclamação era consequência de um sonho e das solicitações de Sasbatzar ou Zorobabel, Nazer ou príncipe de Judá, chefe dos judeus. O rei tinha visto Nabucodonosor e Baltazar, reis da Babilônia, acorrentados e por sobre eles, esvoaçando, uma águia, que dizia o nome do Deus dos hebreus. O sonho fora interpretado por Daniel Rab Sergonim, chefe dos sagons (sábios do tempo de Dario e Meda), que amedrontou Kurosh, se não obedecesse ao Deus de Israel.
 Zorobabel foi levado à presença do rei, que estava cercado de generais e de sábios da Pérsia e da Babilônia,

com todas as pompas de sua corte. O príncipe da Judeia apresentou-se coberto de vestes de penitência.

"Que desejais?", perguntou-lhe o Rei; Zorobabel disse-lhe: "A Liberdade". Retrucou o rei: "Dar-te-ei a Liberdade e a de teu povo; restituir-te-ei os tesouros da Judeia; permitir-te-ei reconstruir o Templo de teu Deus, se me entregares o Delta, oculto entre os iniciados de teu país, e se me disseres o nome que nele se contém".

Zorobabel respondeu-lhe: "Se é com violação de meus sentimentos que posso recuperar a liberdade, morrerei na escravidão, pois sou, também, guardião do fogo".

"Quem te salvará de minha cólera?", disse-lhe o rei. "Teu juramento de soldado de Mitra é tua honra de rei", retrucou-lhe Zorobabel.

O rei Kurosh rendeu homenagem à lealdade de Zorobabel, dizendo-lhe: "Sabendo-te um dos Mestres da Luz, quis experimentar tua fidelidade". Fez-lhe, então, despir as vestes de servidão e cingiu-lhe a fita dos nobres da Média e da Pérsia. Nomeou-o Tharshata, isto é, governador da Judeia, e restituiu-lhe a espada e o anel, sinais de sua autoridade. Deu-lhe, além disso, instruções secretas, recomendando-lhe só as comunicar aos iniciados do Templo a reedificar.

Os chefes dos sagons acompanharam Zorobabel a Jerusalém, com 42.360 judeus e seus servidores. Percorreram o Eufrates, a borda do deserto da Arábia e, depois, tomaram o caminho de Damasco. Na passagem do Gabara, encontraram uma ponte, onde foram atacados por colonos babilônicos, estabelecidos em Samaria, os quais procuraram roubar-lhes o tesouro do Templo.

Os judeus, triunfantes, forçaram a passagem da ponte, mas Zorobabel perdeu, na refrega, a fita de rei. Entraram no país de Israel, reedificaram o Templo e a cidade de Jerusalém.

3.

Filosofia

De acordo com Reosen, a lenda deste Grau e do seguinte trata dos esforços dos israelitas para reconstruir o templo destruído por Nabucodonosor. Dez mil israelitas foram levados cativos e, com eles, o rei Jeconias. O filho de Jeconias, Zorobabel, após setenta anos de escravidão e da morte de Nabucodonosor, obteve de Ciro, seu sucessor, a autorização de voltar a Jerusalém e levantar as ruínas do templo.

Com ele levou 7 mil operários, os quais, continuamente hostilizados pelos samaritanos, tiveram de trabalhar com a espada em uma mão e a colher na outra. De fato, os samaritanos tinham construído um templo e viam com ciúmes a reedificação do templo de Jerusalém.

Sob essa capa lendária, o Grau 15 ensina que a desgraça deve encontrar na Maçonaria homens valorosos e perseverantes; assim como os israelitas, por sua perseverança, chegaram a edificar o templo, a Doutrina maçônica, que é a mais pura e a mais elevada de todas as doutrinas, há de triunfar do tempo e dos homens.

Neste Grau ensina-se que o maçom, por mais hostilizado que seja por seus inimigos, deve sempre lutar, e sem parar, pelo triunfo do progresso e da razão.

A lenda aproveita, das atitudes dos profetas envolvidos e dos judeus retornados, os conceitos de coragem, tolerância, fidelidade, prudência, dedicação, união e fé.

Os sinais e toques lembram com clareza a luta que forma o fundo deste Grau. As palavras sagrada e de passe significam a obstinação e o valor necessários a serem sustentados para que se possa passar do estado de escravidão política e religiosa à posse de um governo, de uma consciência e de um pensamento livre.

Segundo Naudon, este Grau foi também chamado Cavaleiro da Espada ou Cavaleiro Maçom Livre, tendo sido o mais antigo dos graus cavalheirescos, permanecendo durante muito tempo no ápice da hierarquia dos altos graus. Assinala o laço entre a Cavalaria e a Maçonaria Construtiva. Tem por divisa três letras: L.D.P., que deram lugar a várias interpretações.

De acordo com os rituais mais antigos do século XVIII, significam: **Liberdade de passar**, porque no aparelho simbólico do Templo, tal como os fundadores deste o conceberam, estava figurada uma fortaleza guarnecida de sete torres, e na entrada da primeira torre o cavaleiro guardião fazia a pergunta: "Que pede ele?", ao que era respondido: "**A liberdade de passagem**".

4.

LEITURA DO LIVRO DA LEI

(Esdras 3, 8-10): "No segundo ano de sua chegada ao templo de Deus em Jerusalém, no segundo mês, Zorobabel, filho de Salatiel, Josué, filho de Josadaque, e seus outros parentes, os sacerdotes e os levitas, e todos os que regressaram do exílio para Jerusalém, iniciaram e confiaram a direção dos trabalhos do templo do Senhor aos levitas de 20 anos para cima. Jesus, portanto, e seus filhos e seus parentes, Cadmiel, Benui e Odavias, bem como os filhos de Henadade e seus filhos, e seus parentes, todos levitas, puseram-se como um só homem a dirigir os operários da empresa do templo do Senhor.

"Enquanto os pedreiros lançavam os alicerces do templo do Senhor, permaneciam aí os sacerdotes paramentados e com trombetas, e os levitas, filhos de Asaf, com címbalos para louvar o Senhor, seguindo as pegadas de Davi, rei de Israel".

4.1. COMENTÁRIOS

4.1.1. LIVRO: ESDRAS. O Livro canônico de Esdras-Neemias escreve a volta dos judeus do exílio babilônico e a restauração religiosa, e, em parte, a política também, de sua comunidade.

Por sua própria natureza, divide-se em três partes, em cujo centro estão as três personagens que encabeçam o movimento.

4.1.2. Regresso, sob as ordens de Zorobabel, nos tempos de Ciro (ano 537 a.C.) e reconstrução do templo. Decreto de Ciro permitindo a reconstrução do templo; elenco dos judeus que regressaram guiados por Zorobabel. O erguimento do altar e início da construção do Templo; obstáculos da parte dos adversários e suspensão dos trabalhos. Obstáculos opostos mais tarde pelos inimigos à reconstrução do templo, término e inauguração entre grandes solenidades.

4.1.3. Retorno sob a direção de Esdras, no sétimo ano de Artaxerxes, e reforma dos costumes. Esdras obtém de Artaxerxes rescrito favorável; preparativos para a volta; partida e chegada a Jerusalém. Deploração da desordem dos matrimônios mistos, que são suprimidos. Rol dos culpados.

4.1.4. Regresso de Neemias, no 20º ano de Artaxerxes, reconstrução da cidade e restauração religiosa. Tendo recebido notícias alarmantes, Neemias obtém do rei permissão para ir a Jerusalém; inspeção das muralhas e decisão de reconstrução; elenco dos que restauraram alguma parte delas; oposição e insídias de Sanabalat e outros inimigos. Extirpação da desordem econômico-social. Novas insídias dos inimigos, mas apesar delas a muralha é terminada. Recenseamento do povo: elenco dos repatriados. Leitura pública da lei mosaica e festa das Cabanas. Confissão pública e penitência; solene renovação da aliança com Deus. Medidas para repovoar. Lista dos sacerdotes e levitas. Regulamentação das ofertas sagradas e dos matrimônios mistos; medidas para a observância do sábado, no ano 32º de Artaxerxes.

Os fatos aqui narrados abrangem o período de um século aproximadamente, período importantíssimo para a história do povo eleito e da religião em geral. O autor não pretende, porém, deixar-nos uma história completa daquele período memorável, mas descreve-nos apenas os fatos principais, agrupados mais segundo uma ordem lógica do que segundo a sucessão cronológica. Para melhor compreensão dos acontecimentos e das datas, será de proveito a seguinte relação dos soberanos que reinaram na Pérsia e em toda a Ásia anterior com seus anos de reinado: Ciro: 559-529 a.C.; Cambises: 529-522 a.C.; Dario I de Istaspes: 521-485 a.C.; Xerxes: 485-465 a.C.; Artaxerxes I Longímano: 465-424 a.C.; Artaxerxes II Mnemon: 404-358 a.C.; Artaxerxes III Oco: 358-338 a.C.; Arsetes: 338-336 a.C.; e Dario III Codomano: 336-330 a.C.

Para a cronologia, é questão fundamental saber qual dos três reis da Pérsia homônimos foi o Artaxerxes de Es 7,3 e de Ne 2,1. Para Neemias, fica excluído Artaxerxes III, que reinou apenas 21 anos, ao passo que Neemias encontrava-se na corte de seu soberano no 32º ano do seu reinado. Deve-se excluir também Artaxerxes II, porque o contemporâneo de Neemias, Sanabalat, tinha morrido sob o reinado de Dario II, como se deduz de um papiro judaico de Elefantina. Mas também, relativamente a Esdras, devem-se excluir os Artaxerxes II e III, pois, do contrário, segundo Ne 8,9, Neemias teria colaborado com Esdras ao menos 47 anos depois de sua primeira missão em Jerusalém, atingindo assim uma idade inverossímil. Além disso, sob o reinado de Artaxerxes I e II, muitos atos de Esdras ocorreriam em dia de sábado, contra a lei e o costume. Portanto, no presente livro fala-se sempre de Artaxerxes I. Na terceira e na segunda parte, a narração abrange o período de 457 a 432 a.C.

4.1.5. O sétimo mês do ano religioso. Primeiro ano civil.

4.1.6. Casa de Deus (Templo de Jerusalém).

4.1.7. Josué (Jesua) filho de Josadaque. No hebraico, "Yahweh ajuda" ou "Yahweh é salvação". Um filho de Josadaque, sumo sacerdote que retornou com Zorobabel, terminado o cativeiro babilônico, em cerca de 536 a.C., parece ter nascido no exílio, ou, então, já era homem muito idoso quando se tornou sumo sacerdote. Encorajou os judeus em seu trabalho de reconstrução e em sua rededicação à antiga adoração. Aliou-se a Zorobabel, na oposição ao esquema ardiloso dos samaritanos. Encorajou o reinício das obras, que haviam sido interrompidas, e que foram retomadas no segundo ano do reinado de Dario Histapes. Seu nome ocorre em duas das profecias simbólicas de Zacarias. Essas passagens apresentam o povo judaico primeiramente vestido em trajes próprios de um escravo, mas, em seguida, em novas e gloriosas vestimentas de liberdade. Na segunda representação simbólica, Josué usa coroas de prata e de ouro, símbolos das coroas sacerdotal e real de Israel, que haveriam de ser unidas no adorno da cabeça do esperado Messias.

4.1.8. Cadmiel (Deus é desde todo o princípio). Chefe de uma família que voltou da Babilônia. **Benui – Odavias**

4.1.9. Henadade (Favor de Hadade). Esse era o nome de um levita que ajudou a reconstruir as muralhas de Jerusalém, depois do cativeiro babilônico. Ele era cabeça de uma casa de sacerdotes que retornaram em companhia de Zorobabel. Ele se encontrava entre aqueles que selaram o pacto estabelecido com Esdras. Viveu por volta de 535 a.C.

4.1.10. Asafe (Cobrador). Um dos principais músicos de Davi.

4.1.11. "Os parentes" (hebr. Irmãos) de Zorobabel eram os chefes de famílias mencionados no capítulo anterior.

4.1.12. "Iniciaram a construção do Templo" – Em cerca de 536 a.C.

4.1.13. "Seguindo as pegadas de Davi". Conforme as normas por ele traçadas ou também cantando os salmos compostos ou prescritos por Davi. As palavras "porque é bom, porque perene é sua misericórdia" são o estribilho do grande "halel", isto é, do Salmo 136, ou seja, "perene é sua clemência".

4.1.14. Zorobabel – Os nomes das pessoas que retornaram com Zorobabel e Josué, mencionados neste capítulo, pertencem a cinco grupos: a) os israelitas, contados pelo lugar de origem; b) os sacerdotes; c) os levitas, cantores, porteiros, natineus e servos de Salomão; d) uma mistura de pessoas, incluindo o povo de descendência dúbia. e) servos em geral. Com alguma diversidade dos nomes e números, uma lista paralela é dada em Ne. A lista serve para estabelecer os direitos daqueles que quiseram gozar da permissão do rei persa. É provável que a lista tenha sido compilada por necessidade administrativa.

4.1.15. "Zorobabel e Josué". São duas personagens importantes entre os que voltam. Zorobabel, filho de Salatiel, é neto de Joaquim, rei de Judá que foi deportado para a Babilônia por Nabucodonosor. Poderia pretender legitimamente o trono de Judá; Ciro nomeou-o príncipe (ou sátrapa), isto é, governador de uma província. Às vezes, é citado com o nome caldeu de Sesbasar. **Josué**, filho de Josadaque, é neto de Saraias, sumo sacerdote que foi morto por Nabucodonosor em Ribla. Josué é, pois, um sumo sacerdote legítimo. Neemias: não é o mesmo do livro com esse nome.

4.1.16. O povo da região. Samaritanos.

4.1.17. Samaritanos. A palavra "samaritanos" aparece primeiramente na Escritura depois de o reino de dez tribos da Samaria ser conquistado em 740 a.C.; aplicava-se aos que viviam no reino setentrional antes dessa conquista, diferenciando-se dos estrangeiros que, mais tarde, foram trazidos de outras partes do Império Assírio. Em 537 a.C., um remanescente das 12 tribos retornou do exílio babilônico, preparado para reconstruir o templo de Jeová em Jerusalém. Foi então que os samaritanos, que já estavam naquelas terras quando os israelitas chegaram, e que foram descritos como sendo adversários de Judá e de Benjamim, aproximaram-se de Zorobabel e dos anciãos, afirmando: "Deixai-nos construir convosco; pois, assim como vós, buscamos vosso Deus e a ele oferecemos sacrifícios desde os dias de Esar-Hadom, rei da Assíria, que nos trouxa para cá". Essa afirmação de serem devotados a Jcová, contudo, resultou ser apenas uma formalidade, pois, quando Zorobabel rejeitou a oferta deles, os samaritanos fizeram tudo ao seu alcance para impedir a edificação do Templo.

4.1.18. Assuero (o chefe dos regentes). O nome ou título aplicado a três regentes: o pai de Dario. Trata-se de Xerxes I, identificado com esse rei e o do Livro de Ester. Os samaritanos é que escreveram a carta.

4.1.19. O povo da terra. Os estrangeiros residentes na Palestina, principalmente, sob o domínio assírio-caldaico (não apenas os samaritanos), em uma palavra, os povos circunvizinhos da renascente comunidade judaica. Estes visavam impedir não tanto a construção do templo quanto a da cidade e a reconstituição da nação hebraica. Para isso, urdiram contra ela intrigas na corte persa.

4.1.20. Debilitavam as mãos. Cansava-as com vexames.

4.1.21. Salatiel (ou Sealtiel). No hebraico, "Deus é um escudo". Seu nome aparece nos livros de 1Crônicas, Esdras, Neemias, Ageu. E, no Novo Testamento, com a forma de Salatiel, em Mateus e Lucas, na genealogia do Senhor Jesus. Viveu em cerca de 536 a.C. Foi pai de Zorobabel. Pedaías foi o pai biológico de Zorobabel. Sealtiel morreu sem deixar filho homem, e casou-se com a viúva de seu irmão. Ele era filho de Jeconias, não por nascimento natural, mas por direito de herança somente pelo lado materno. O trecho de Lucas (3:27,31) diz que Sealtiel, filho de Néri, era descendente de Davi, através de Natã, e não de Salomão. Jeconias teve outro filho, Assir, que deixou somente uma filha, a qual, de acordo com a lei das herdeiras, casou-se com um homem de sua tribo paterna, a saber, Néri, da família de Natã, que era da linhagem de Natã. Desse casamento foi que nasceram Sealtiel, Malquirão e vários outros filhos, ou seja, mais provavelmente netos de Jeconias.

Descendente do rei Davi e ancestral de Jesus, da tribo de Judá.

4.1.22. Levitas. Os levitas ou filhos de Levi eram antes uma tribo secular, mas que se tornou a tribo sacerdotal, pois deles procederam os sacerdotes (descendentes de

Aarão) e os levitas (os demais membros da tribo). Os descendentes de Levi descendiam de seus três filhos, Gérson, Coate e Merari. No sentido mais estrito, o termo "levita" designa todo o descendente de Levi, que ocupava ofício subordinado ao sacerdócio, a fim de distinguir dos descendentes de Aarão, que eram os sacerdotes.

Todavia, em outro sentido, o termo "levita" aponta para aquele segmento da tribo que foi separado para o serviço do santuário e que atuava subordinado aos sacerdotes. É por isso que se lê uma expressão como "os sacerdotes e os levitas". Os levitas serviam no caráter de representantes da nação inteira, quanto às questões de honra, privilégio e obrigações do sacerdócio. A tríplice divisão do sacerdócio era: 1. o sumo sacerdote; 2. os sacerdotes comuns; e 3. os levitas. Todas de três divisões descendiam diretamente de Levi. Assim, todos os sacerdotes eram levitas; mas nem todos os levitas eram sacerdotes. A ordem menor do sacerdócio era constituída pelos levitas, que cuidavam de vários serviços no santuário. Os filhos de Aarão, que foram separados para servirem especialmente como sacerdotes, eram os superiores dos levitas. Somente os sacerdotes podiam ministrar nos sacrifícios do altar. Os levitas serviam ao santuário, como um todo. Os sacerdotes formavam um grupo sacerdotal. Após a idolatria que envolveu o bezerro de ouro, foram os levitas que se juntaram em torno de Moisés, ajudando-o a restaurar a boa ordem. Desde então, eles passaram a ocupar uma posição distinta entre as tribos de Israel. Tornaram-se os guardiães do tabernáculo, e ninguém mais tinha permissão de aproximar-se deste, sob pena de morte.

Desde o começo, os coatitas (descendentes de Coate), por serem os parentes mais chegados dos sacerdotes, receberam os ofícios mais elevados. Eram os coatitas que transportavam os vasos do santuário e a própria arca da aliança. Um arranjo permanente foi feito, para que recebessem o sustento com base nos dízimos pagos por todo o povo de Israel. Para a tribo de Levi, finalmente, foram destacadas 48 cidades, seis das quais também eram cidades de refúgio. Entre as tarefas dos levitas estavam aquelas de preservar, copiar e interpretar a lei mosaica. Os levitas não foram incluídos no recenseamento geral, mas tiveram seu próprio censo. Eles preparavam os animais a ser sacrificados, mantinham vigilância, faziam trabalhos braçais, limpavam o lugar de adoração e agiam como assistentes e servos dos sacerdotes aarônicos. Alguns levitas aproximavam-se dos sacerdotes quanto à dignidade, mas outros eram pouco mais que escravos.

Terminado o cativeiro babilônico, quando o remanescente de Israel retornou a Jerusalém, não mais do que 38 levitas puderam ser reunidos. A pureza de sangue deles e suas posições foram cuidadosamente preservadas por Esdras e Neemias. E, quando os romanos destruíram o templo de Jerusalém, em 70 d.C. e, então, dispersaram de vez os judeus, depois de 132 d.C., os levitas desapareceram da história como um grupo distinto, misturando-se à multidão dos cativos e peregrinos judeus pelo mundo inteiro.

5.

Resumo

Aprendemos a fidelidade a nossas obrigações e a perseverança de propósitos diante de dificuldades e decepções. Quem se esforça para servir, beneficiar e melhorar o mundo é como o nadador que luta contra a correnteza do caudaloso rio que os ventos convertem em furiosas ondas. Muitas vezes passam rugindo sobre sua cabeça, frequentemente, uma pressão em todos os sentidos. Muitos homens cedem ante o combate da corrente e são arrastados à margem e às quedas. Somente aqui encontramos o coração firme e os braços fortes que lutam sem cessar para a vitória definitiva. A Maçonaria defende uma cruzada contra a ignorância, a intolerância e o erro.

Algumas vezes, em busca do êxito, tropeçamos na indiferença de outros maçons e do mundo profano. Porém, cremos que Deus tem interesse pessoal em cada um de nós, pois deu-nos uma alma imortal que vive aprisionada temporariamente em nossos corpos mortais em que a natural esperança e a boa vontade são sempre premiadas.

Embora não entendamos plenamente o plano divino, devemos ter e expressar a fé em que Sua luz resplandecerá, revelando todos os detalhes.

6.

Comentários

A divisão dos Graus do 15º ao 18º é histórica e religiosa. Quando os exércitos de Nabucodonosor atacaram e destruíram Jerusalém, alguns judeus escaparam para o Egito. Mais tarde regressaram e celebraram uma reunião sobre os rumos de seu amado Templo. Uma sentinela interrompeu a reunião para anunciar a presença de um estranho. Este alegou que era um adepto e, para comprová-lo, deu e recebeu a palavra sagrada. Satisfeito o conselho, o estranho se identificou como Zorobabel. O Chefe do Conselho relatou as atribulações do povo, suas esperanças de reconstruir o Templo e solicitou seu conselho. Em resposta, o estranho se ofereceu para ir à Babilônia para interceder junto ao rei Ciro para a libertação dos judeus e sua permissão para reconstruir o Templo.

Compreendendo sua missão, Zorobabel chegou à corte de Ciro e lhe comunicou seus desejos. Ciro aceitou conceder o solicitado com a condição de que Zorobabel lhe comunicasse os segredos da Ordem do Rei Salomão. Zorobabel se negou. Ciro tentou suborná-lo com distintas ofertas

– ouro, a liberdade dos judeus, permissão para reconstruir o Templo e honras pessoais. Zorobabel se negou outra vez. Ciro lhe perguntou se acreditaria que seria salvo do castigo de ser queimado. Zorobabel respondeu que salvaria o juramento e a honra de Ciro como rei. Impressionado pela resposta e a fidelidade, Ciro decretou a libertação dos judeus e a permissão para que regressassem a Jerusalém e reconstruíssem o Templo, e que os cálices sagrados fossem entregues a Zorobabel, que foi proclamado príncipe da Pérsia e governador de Judá. Com reconhecimento de sua estima, Ciro presenteou Zorobabel com o colar de ouro da Ordem Média e colocou seu próprio anel com o selo como símbolo da autoridade com que fora investido.

Tenhamos, pois, um exemplo da fidelidade ao dever e à firme negação de Zorobabel de revelar os segredos. Havia razões de sobra para tal sigilo. Os mistérios filosóficos devem ser revelados somente àqueles que em primeiro lugar hajam purificado sua mente para receberem as lições. De outra maneira, seria como encher de água limpa um poço sujo. O próprio mestre poderia macular a sociedade.

As envelhecidas páginas da história através dos tempos fazem um relato miserável de paz e compromisso. A maior verdade é que não se pode negociar com bandidos, fanfarrões ou rufiões em termos conciliatórios. Aqueles que apaziguaram o Gêngis Khan foram esmagados por suas forças quando ele imperou desde o Oriente.

Alexandre, o Grande, e Átila, o Rei dos Hunos, não cumpriram suas promessas mentirosas, destruindo as nações. Vimos Mussolini e Hitler aplicarem medidas de força e poderes diabólicos e de veneno mortal a povos amantes da paz.

A história, também, ensina à humanidade a produção de centenas de heróis cujos feitos comovem as ações. Por exemplo, nosso próprio Jacques De Molay, o personagem central de nossa lenda de Hiram. Sócrates levou aos seus lábios a cicuta. Jesus em seu sofrimento na cruz. Lutero ao pregar na parede o documento de suas 95 teses, exclamando: "Aqui estou e não posso fazer outra coisa. Deus me ajude. Amém". Thomas Hawkes, da Inglaterra, lutando pela liberdade religiosa, foi sentenciado a uma pena de morte feroz de prole, por negar-se a delatar, assim estendeu suas mãos aos seus amigos em sinal conhecido, demonstrando que a morte de um mártir só enobrece e serve de conduta a ser seguida.

Edmund Burke, defendendo a causa das colônias americanas diante do hostil Parlamento inglês. Homens valentes, com mão firme, figuram sua dignidade na Declaração da Independência. Lincoln, ao proclamar: "Sem malícia para nada, com caridade para todos".

Robert E. Lee, ao exortar a gente do Sul a permanecer em suas terras e a ajudar a reconstruir e a unir a nação americana.

Theodoro Roosevelt, ao afirmar ante o mundo a concepção americana de justiça, de liberdade e de separação da Igreja e do Estado.

Há uma viagem histórica popular árabe de uma caravana que se encontrava pelo deserto de Bagdá. O chefe árabe da caravana pergunta a Pestilência: "Por que tens de apresentar-te em Bagdá?". Pestilência replicou: "Para termos 5 mil vidas!". Ao regressar se encontraram de novo. O chefe árabe estava furioso dessa vez e inquiriu a Pestilência: "Tu me enganaste! Em vez de 5 mil vidas, tomaste 50 mil!". "Não", disse Pestilência, tomei 5 mil e não mais. O medo matou os demais.

Havia um hino na escola bíblica dominical que costumávamos cantar:

Atreve-te a ser um Daniel;
Atreve-te a permanecer só;
Atreve-te a ter um propósito firme;
E atreve-te a revelá-lo...

O mundo hoje necessita de mais homens como Daniel. Lançado à jaula dos leões, Deus Todo-Poderoso o salvou com seus companheiros cativos e todos se converteram em uma força de virtude na Terra. Devemos bem recordar como guias dos grandes homens e de quem se pode dizer; como escreveu Owen Meredith:

"É grande o homem – e somente ele, pois serve a uma grandeza que não é a sua."

7.

Descrição do Painel do Grau 15

Neste Grau, o **Escudo** é alçado sobre um **Manto** real verde orlado de ouro, sobre cuja extremidade superior está uma **Águia Negra**, tendo nas garras uma espada com lâmina prateada e empunhadura dourada.

O painel em forma de **Escudo** todo verde dividido em duas partes; na parte superior vemos nos cantos superiores o **Sol** e a **Lua**; na parte inferior uma **Pira de Fogo**, com as letras R.C. e um **Coração vermelho**; e à direita um candelabro de sete luzes. No meio, **dois Anjos** e um **Rolo de Pergaminho**, e embaixo destroços das colunas. Na outra parte inferior vemos o **Rio** e a **Ponte de Pedras** com as letras Y e H. Atrás do **Escudo** estão: uma **Espada**, uma **Lança**, um **Maço**, uma **Trolha** e um **Cajado**. Na ponta do escudo, embaixo, pende um **Punhal**.

O Painel mais moderno é bem mais simples. Há uma **Estrela de cinco pontas**, de cores vermelho e verde. No centro da Estrela um **"M"**, de cor dourada. Os bordos são de cor azul-escura. A **Estrela** nos recorda a quinta sub-raça da quinta raça, da qual descendemos. O "M" emblemiza o Macrocosmo e o Microcosmo Universal e Humano. A cor dourada do "M" nos lembra de que o ouro espiritual da Maçonaria é superior a todo o ouro do mundo.

7.1. SIMBOLISMO

7.1.1. MANTO – O **Manto** é um adorno de alta dignidade, usado na representação heráldica para cobrir, principalmente, os brasões (escudos) reais e de nobres mais altos. Normalmente, é representado por uma capa de tecido escarlate (cor) forrado por dentro pela pele alva do arminho e recolhido em ambos os lados em sua parte superior pela coroa.

7.1.2. ESCUDO – Instrumento protetor usado antigamente para aparar golpes de espada ou lança. A polícia, na atualidade, usa escudos para proteção contra "pedradas" e objetos arremessados por grupos em rebelião.

No sentido heráldico, **Escudo** é um emblema que tem o formato de um escudo de defesa, mas que tem finalidade ornamental. Nele são gravados ou pintados símbolos identificadores da Loja, denominando-se **Escudo de Armas**, conservando a tradição cavalheiresca.

Esses escudos não eram de confecção e iniciativa da Loja Maçônica, mas objetos de valor honorífico, dados como prêmio pela nobreza, ou, no caso, pelas Autoridades Hierarquicamente Superiores.

7.1.3. ÁGUIA – A **Águia** com uma só cabeça e com as asas desdobradas, conquanto está voando, é um dos símbolos do poder imperial.
Emblema supremo. Aquela que tudo vê – dos deuses do Céu e do Sol, governantes e guerreiros. Símbolo de majestade, dominação, vitória, valor, inspiração e aspiração espiritual. Como senhora do ar, a **Águia** é um dos símbolos mais ambíguos e universais, incorporando o poder, a velocidade e a percepção do mundo animal em seu nível mais elevado. Não é apenas um atributo dos maiores deuses, mas com frequência a personificação direta deles. No mito grego, o belo jovem Ganimedes é sequestrado por uma águia para ser o copeiro dos deuses. Zeus, em diferentes versões, envia a **Águia** como sua mensageira ou se transforma, ele mesmo, nela. A ira de Zeus é igualmente personificada pela **Águia** que rasga o fígado de Prometeu. Por planar em direção ao Sol com os olhos abertos, a **Águia** parece ser uma criatura capaz de carregar almas ao paraíso – a origem do costume romano de libertar uma **Águia** da pira dos imperadores. A ideia hebraica de que a **Águia** poderia queimar suas asas no fogo solar e cair a prumo no oceano para emergir com um novo par tornou-se um motivo do simbolismo batismal cristão. Em outras tradições, por todo o Egito, Ásia Ocidental, Índia e Extremo Oriente, a ligação entre a águia e os deuses do céu é antiga e uniforme. Uma **Águia** com braços humanos era um emblema sírio de adoração do Sol. A **Águia** é, em geral, símbolo do trovão e do relâmpago, bem como solar,

sugerindo poder tanto de luz quanto de fertilização. A **Águia** e a serpente representam, de maneira alternada, ar e terra, embora o leão às vezes substitua a serpente, como na alquimia, que usava a águia e o leão como modos para representar o dualismo dos princípios volátil e fixo. Na Mitologia dos nativos da América, a **Águia** tinha simbolismo celestial e solar. A dualidade do céu e da terra é representada na América Central pela **Águia** e pelo jaguar. A **Águia** é um dos emblemas mais antigos e mais populares da vitória, seu voo é considerado augúrio de êxito militar na antiga Pérsia e também em Roma, onde, desde a época de seus fundadores, Rômulo e Remo, a **Águia** era carregada em estandartes como a ave de Júpiter. Na arte, a **Águia** pode ser um atributo do orgulho.

7.1.4. SOL E LUA – O Sol e a Lua, considerados separadamente, são ora benéficos, ora maléficos. O Sol que chama à vida todos os germes, também pode matá-los. Suas radiações, que vão do infravermelho ao ultravioleta, às vezes são nocivas.

A **Lua** é considerada benéfica em suas fases ascendentes e maléfica em suas faces descendentes. A Magia observa essa regra em suas operações. A **Lua** é representada em sua fase crescente.

Na maioria das mitologias, a Lua está associada à ideia de fertilidade: ela é a Ista babilônica, o Hathor egípcio, a Ártemis anatoliana e helênica, a Anaítias persa, etc. O folclore é rico em tradições relacionadas com a influência da Lua sobre a vegetação, as doenças, os animais, a menstruação, etc.

No simbolismo hermético, o **Sol** é relacionado com o ouro; e a **Lua**, com a Prata; relacionam-se também com o enxofre e com o mercúrio, os dois princípios constitutivos não só dos metais, mas de todos os corpos; o Sol, o terceiro princípio, pode, em um sentido, relacionar-se com a Terra.

LUA – Fertilidade, renovação cíclica, ressurreição, imortalidade, poder oculto, mutabilidade, intuição e emoções; antiga ordenadora do tempo, das águas, do desenvolvimento das colheitas e da vida das mulheres. Os surgimentos e desaparecimentos da Lua, assim como suas surpreendentes alterações de forma, proporcionavam uma imagem cósmica impressionante dos ciclos terrenos de nascimento, desenvolvimento, declínio, morte e renascimento dos animais e vegetais. O alcance e a influência do culto e do simbolismo lunares são parcialmente explicados pela imensa importância da **Lua** como fonte de luz para caçadas noturnas e, como a mais antiga medida do tempo, suas fases constituíram a base dos primeiros calendários conhecidos. Além de exercer influência sobre as marés, era amplamente difundida a crença de que a **Lua** controlava o destino humano, bem como as chuvas, a neve, as enchentes e os ritmos da vida de vegetais e animais em geral e das mulheres, por meio das periodicidades lunares do ciclo menstrual.

A escuridão da **Lua** tornou um símbolo da passagem da vida para a morte, bem como da morte para a vida. Em algumas tradições, a **Lua** é o caminho para a vida após a morte, ou a morada dos mortos reverenciados. Embora seja, em geral, um símbolo benevolente, às vezes pode apresentar-se como um olho maligno, uma presença enfeitiçadora, pela associação com a morte e com aspectos sinistros da noite. A **Lua cheia** partilha o simbolismo do círculo como uma imagem de totalidade ou perfeição. É um símbolo budista da beleza e da serenidade, e, na China, da família completa. A **Lua** da colheita (uma lua cheia perto do equinócio de setembro) é, por motivos agrícolas, um símbolo de fertilidade, amplamente associado a amor e casamento. A festa lunar chinesa, celebrada no equinócio de setembro com frutas, bolinhos doces e lanternas, também contém simbolismo de fertilidade. A noção de que a **Lua cheia** provoca formas de loucura diferentes do amor é de origem romana. Idiotas de nascença podem ser chamados de aluados pela mesma razão, mas também porque a **Lua,** que preside os sonhos, está ligada à fantasia ou à alienação.

As mudanças de forma da Lua determinam grande parte de seu simbolismo e são vinculadas, por alguns, a mitos e rituais de deuses desmembrados e ressuscitados, como o egípcio Osíris. É um símbolo desintegrador, mediador e unificador, emblema da eterna juventude na tradição da Oceania e quase universalmente da imortalidade, daí sua associação com as árvores, como em alguns túmulos islâmicos, onde o crescente aparece acima da Árvore da Vida. Na iconografia oriental, a Árvore da Vida (em alguns lugares, a **Lua** crescente às vezes aparece como uma taça contendo esse elixir).

Além dos principais símbolos da fertilidade, como a lebre ou o coelho, os animais lunares incluem o urso que hiberna; anfíbios como o sapo e a rã; outros animais noturnos como o gato e a raposa; e o caracol, com as antenas que surgem e desaparecem (os chifres na **Lua** crescente).

Com maior frequência no mito e na alquimia, o **Sol** e a **Lua** formam uma dualidade necessária, como marido e mulher, irmão e irmã, quente e frio, fogo e água, masculino e feminino, simbolizada particularmente pelo enfeite egípcio de cabaça que apresenta o disco solar enquadrado pelos chifres da **Lua**. A astrologia enfatizou os aspectos passivos da **Lua** como mera refletora da luz do **Sol**, daí sua associação com o pensamento conceitual ou racional mais do que com o conhecimento direto (embora o taoísmo a considerasse a visão do conhecimento espiritual nas trevas da ignorância).

SOL – Símbolo dominante de energia criativa na maioria das tradições, em geral adorado como o deus supremo ou como uma manifestação de sua capacidade de tudo ver. Apesar da base geocêntrica da astronomia antiga, alguns dos sinais gráficos mais primitivos do **Sol** mostram-no como o centro simbólico ou âmago do cosmo. Como fonte de calor, o **Sol** representa vitalidade, paixão, coragem e juventude eternamente renovada. Como a fonte de luz, em oposição à escuridão, simboliza o conhecimento, o intelecto e a personificação da Verdade, que, na arte ocidental, às vezes segura um **Sol** em sua mão. E, como o mais brilhante dos corpos celestes, é emblema da realeza e do esplendor imperial.

O **Sol** representa o princípio masculino na maioria das tradições, e em muitas tribos do mundo celta, da África, de nativos da América, da Oceania e da Nova Zelândia. Era emblema imperial *yang* na China, mas nunca foi visto como supremo no panteão chinês de deuses. A exemplo de diversos outros povos, o chinês simbolizou os aspectos destrutivos do poder solar em um mito sobre como os múltiplos sóis fizeram o mundo tão quente. Os dez sóis originais recusaram-se a compartilhar seus deveres solares com base numa escala de serviço e entraram juntos no céu. O arqueiro divino Yi teve então de matar nove deles para restaurar o equilíbrio cósmico. Um emblema solar característicos da China é um disco vermelho com um corvo ou gralha pretos de três patas que simboliza as três fases do **Sol** (ascensão, zênite e ocaso).

Os cultos ao **Sol** mais elaborados eram os do Peru, México e Egito. Para enfatizar a pretensão inca de serem os filhos do Sol, a divindade solar era representada na forma humana com rosto dourado em forma de disco. Alternativamente, o Sol é filho de Deus supremo ou simboliza sua visão ou amor radiante. Era o olho de Zeus, na Grécia; de Odin na Escandinávia; de Ahura Mazda (também chamado de Ormuzd) no Irã; de Varuna na Índia; e de Alá para Maomé. Era a luz de Buda, do Grande Espírito dos nativos da América do Norte, de Deus-Pai na cristandade. Cristo, o **Sol** da Honradez, substituiu Mitra no Império Romano como símbolo da ressureição do Sol indômito.

Na iconografia, o **Sol** é representado por uma vasta série de emblemas. Entre eles figuram: o disco dourado, o disco raiado ou alado (mais comum no Oriente Médio), o meio-disco com raios (Nihon, que significa fonte solar, o emblema do Japão); o círculo com ponto central (símbolo de autoconsciência na astrologia), a estrela, a espiral, o anel, a roda, a suástica (ou outras formas de cruz que giram), o coração, a roseta, o lótus, o girassol e o crisântemo. Também pode ser representado por bronze, ouro, amarelo, vermelho, diamante, rubi, topázio, uma serpente alada ou emplumada, uma águia só ou com uma serpente, falcão, fênix, cisne, leão, carneiro, galo ou touro. Cavalos ou cisnes dourados ou brancos puxavam a carruagem solar.

7.1.5. ROLO DE PERGAMINHO – Na iconografia, geralmente, emblema de sabedoria, profecia ou leis canônicas antigas. Na tradição judaico-cristã, os rolos de pergaminho são atributos não só dos grandes profetas, como Isaías e Jeremias, mas também dos apóstolos, sobretudo Jaime, filho de Zebedeu.

7.1.6. CANDELABRO DE SETE VELAS – O **Candelabro** é o castiçal de dimensões e forma monumentais. Grande de vários braços. Esse utensílio é usado em várias cerimônias maçônicas, principalmente nos graus considerados judaicos. Segundo a Bíblia, o que Deus mandou Moisés construir para o Tabernáculo, e no qual ficava à esquerda, era de ouro puro lavrado a martelo e com seus braços, sendo três de cada lado, que com o do centro formavam sete. A descrição desse candelabro com todos os seus detalhes pode se ver no Êxodo 25:34-40; 27:17.

Por candelabro entendemos uma base ou suporte para uma ou várias lâmpadas que queimavam azeite. Embora mencione candelabros nas casas e em outros edifícios, a ênfase da Bíblia é primariamente aos candelabros relacionados com a adoração verdadeira.

No tabernáculo: Jeová orientou Moisés, em visão, a utilizar no tabernáculo um candelabro de ouro puro, obra batida a martelo. Junto com suas lâmpadas e utensílios, devia pesar um talento, isso equivaleria a cerca de 34 quilos.

Formato: Essa luminária para o "Lugar Santo", o compartimento anterior do tabernáculo, compunha-se de uma haste central com seis braços ou hastes. Esses braços se curvavam em direção ao alto de cada lado da haste principal. A haste principal ou base era decorada com quatro cálices esculpidos, em forma de flores de amendoeira, tendo alternadamente botões e flores. Não se tem certeza quanto à espécie de flor representada em tais florações; a palavra hebraica usada pode significar qualquer flor. Cada braço tinha três cálices, alternando-se os botões e as flores. A descrição pode indicar que os botões na haste central ocorriam em um ponto em que os braços se fixavam na haste. As lâmpadas que queimavam excelente azeite batido estavam colocadas no topo da haste principal e na extremidade de cada braço. Os acessórios consistiam em espevitadeiras, porta-lumes (incensários) e vasos de azeite.

7.1.7. PIRA DE FOGO – O **Fogo** é energia divina, purificação, revelação, transformação, regeneração, ardor espiritual, provação, ambição, inspiração, paixão sexual, elemento masculino e ativo que simboliza ao mesmo tempo o poder criativo e destrutivo. Graficamente, o **Fogo** era representado por um triângulo na alquimia, na qual era o elemento unificador. Uma dualidade de louvor e medo fundamenta os rituais do culto ao **Fogo**. Nas culturas antigas ou primitivas, ele parece ter sido reverenciado primeiro como um deus real, depois como símbolo do poder divino. Elemento, aparentemente, vivo, crescendo daquilo de que se alimenta, morrendo e reaparecendo, era às vezes interpretado como uma forma terrestre do Sol, com o qual compartilha a maior parte de seu simbolismo. Devido às repercussões importantes de fazer **Fogo** para o desenvolvimento humano, é visto em quase todos os mitos como habilidade divina. Daí as lendas do **Fogo** roubado dos deuses do céu por heróis como Prometeu, ou obtido pela persuasão de uma divindade infernal, como no caso do herói Maui nos mitos da Nova Zelândia.

Nos mitos e no ritual do culto ao **Fogo**, as tradições mais duradouras e menos ameaçadoras têm sido as do Irã e dos clássicos, com seus deuses benéficos, como Hefesto (Vulcano, na mitologia romana).

O Judaísmo também usava a chama como símbolo punitivo ou defensivo, os anjos com espadas flamejantes guardam um Éden perdido. O simbolismo de ressurreição do **Fogo** é personificado pela fênix e pela salamandra e também pelos rituais da Páscoa das Igrejas Católica Romana e Ortodoxa Oriental, em que os círios são extintos e em seguida acesos a partir de um novo **Fogo**.

É, entre todos os fenômenos da Natureza, o que se encontra constantemente associado com as religiões desde a pré-história. A íntima conexão entre o **Fogo** e o Sol se reconhece logo, e os povos primitivos o consideraram sua representação e um dom sagrado. Na maior parte das religiões antigas, tais como os cultos do Egito, Mesopotâmia e Índia Védica, se encontram como símbolo da divindade. Posteriormente, o **Fogo** foi convertido em símbolo da alma e também da vida humana. As personificações divinas do principio do **Fogo** são inumeráveis, podendo citar-se entre as principais aos deuses Sol: Agni dos ários, o Rá egípcio, Apolo e Hélio entre os gregos, o Vulcano romano e a Mitra persa. Também existiam as divindades do **Fogo** doméstico como a Héstia grega e a Vesta romana. Outras representações divinas do **Fogo** foram o Ormuz de Zoroastro, Wotan, Thor e Loki na mitologia escandinava. Na alquimia, é considerado um agente de transformação, pois todas as coisas nascem do **Fogo** e a ele retornam. Para os alquimistas, o fogo é um elemento que atua no centro de toda coisa. Esotericamente, é a reflexão ou representação mais perfeita, como substância divina que é a chama una, o símbolo mais alto da divindade. É a vida e a morte, a origem e o fim de todas as coisas. Símbolo da transformação e regeneração. Distingue-se figuradamente das formas de **Fogo** de nível terrestre: calor solar, energia física e de nível espiritual, místico, purificador. Paracelso estabelece a igualdade do **Fogo** e da vida: ambos para subsistir necessitam consumir. Tomar o fogo e dar-se a ele é o dualismo situacional do homem ante as coisas. Pelo fogo é o ultravivente, logo que sugere o desejo de destruir e levá-lo a destruir.

7.1.8. FOGO ETERNO – A ideia do **Fogo** perene, como castigo, se remonta à Antiguidade e deriva da crença de nossos antepassados que citam o inferno nas entranhas da Terra, onde o **Fogo** central era revelado pelos fenômenos geológicos. Quando o homem adquiriu noções mais elevadas sobre a natureza da alma, compreendeu que um ser imaterial não podia sofrer os efeitos de um fogo material, porque o fogo segue sendo o emblema do mal, cruel suplício, e não há figura mais enérgica para refletir os sofrimentos morais da alma. Nesse sentido é como o entende atualmente a teologia, e nesse sentido se diz também: abrasado de amor; consumido pelo fogo da ambição, dos céus, da paixão eterna.

7.1.9. R.C. – Pode simbolizar as iniciais do Capítulo Rosa-Cruz.

7.1.10. ESPADA – A **Espada** neste Grau não simboliza a Justiça, mas a defesa, pois devemos sempre estar atentos ao inimigo que é astucioso e vigilante. A espada sempre foi uma arma, posto possa simbolizar a Justiça; porém uma Justiça punitiva. A Justiça do equilíbrio, de dar a cada um o que é seu, vem simbolizada pela Balança. Houve, posteriormente, a fusão dos dois símbolos: a Balança sustentada por uma **Espada**.

Em todos os ritos, o uso da **Espada** constitui uma prática consagrada pelos costumes, mas em Maçonaria é relativamente recente e representa o poder e a força.

7.1.11. PONTE – União. A ponte era metáfora muito difundida da passagem entre os mundos dos vivos e dos mortos, simbolismo talvez sugerido pelo perigo de atravessar pontes estreitas em território não familiar ou hostil. A antiga religião indo-iraniana do Zoroastrismo, ainda hoje base das crenças persas, confrontava as almas com Chinvar Parvatu, a Ponte do Separador, que só permitia a passagem para o paraíso aos justos, conceito também encontrado em algumas iconografias medievais de céu e inferno. De maneira mais geral, a **Ponte** simboliza transição e ligação. Considerada território neutro, é lugar de reuniões e encontros amorosos, mas também, a exemplo do baixo ou mais alto escalão sacerdotal da antiga Roma, era o de pontifex (fazedor de pontes). A construção de pontes era vista como uma habilidade quase mágica, e o folclore creditava algumas pontes maravilhosas a pactos do arquiteto com o Diabo.

Ponte é elemento de ligação entre seres especialmente separados; nesse sentido, símbolo muito difundido de ligação e intermediação. Entre muitos povos encontra-se a ideia de uma ponte que liga o Céu e a Terra, frequentemente na forma do arco-íris. Muitas vezes é o caminho que as almas devem percorrer após a morte.

7.1.12. RIO – O fluxo de todas as coisas; poderoso símbolo natural de passagem do tempo e da vida. Os **Rios**, em geral, aparecem como limites, sobretudo a dividir os mundos dos vivos e dos mortos.

O fluxo de todas as coisas – poderoso símbolo natural de passagem do tempo e da vida. Para as muitas grandes civilizações dependentes de sua irrigação fertilizadora, os **Rios** eram símbolos importantes tanto de suprimento quanto de purificação e remoção. Os rios aparecem como limites, sobretudo a dividir os mundos dos vivos e dos mortos.

7.1.13. LETRAS: Y – H – Erradamente, o ritual separa as duas palavras. A grafia certa, no entanto, é Éaveron Hamaim, e tem o significado de uma passagem árdua das águas. Em sua forma presente, a palavra é uma corrupção da sentença hebraica *vavaru hamaim*, que significa "eles querem atravessar" ou "transpor, ou passar sobre as águas", ou sobre o rio.

7.1.14. TROLHA – Wirth, adepto das analogias morfológicas fáceis, observa que a Trolha, à qual se dá habitualmente uma forma triangular, corresponde ao ideograma alquímico do Enxofre. No entanto, ele escreve: "Esse instrumento serve para amassar a argamassa destinada a realizar a unidade quando se cimentam as pedras do edifício". A **Trolha** reúne, ela realiza a fusão, ela unifica. É, portanto, essencialmente, o emblema dos sentimentos de benevolência esclarecida, de fraternidade universal e de muita tolerância, distintivos do verdadeiro maçom.

A **Trolha,** diz Plantageneta, é o símbolo do amor fraterno, que deve unir todos os maçons e que é o único cimento que os operários podem usar para a edificação do Templo. A expressão "passar a trolha" significa esquecer as injúrias e as injustiças.

Trolhar significa tirar as asperezas. A trolha representa a união de todos os instrumentos de trabalho; a construção do Grande Templo de Salomão obedeceu a uma ordem divina de que, sendo o lugar da construção sagrado, não poderia haver rumores inconvenientes, como o bater do malho sobre o buril.

O trabalho era executado em silêncio. Ajustadas as pedras, preparadas longe do local, acertados seus encaixes, em certas partes a massa revestia a parede, para receber uma camada de pedras mais polidas e marmóreas, mas sempre com a necessidade de fazer desaparecer as arestas e os desníveis.

A construção mística é silenciosa por dois motivos: pela humildade, pois evita o orgulho e a vanglória, e pela lentidão. Todo trabalho meticuloso e lento é paciente e não necessita de qualquer alvoroço. A construção mística é silenciosa; a meditação envolve o mundo de dentro e o maçom constrói seu próprio Templo, com o cuidado de quem produz uma obra-prima que é sagrada. O maçom deverá ter em suas mãos, permanentemente, a trolha, para que suas arestas sejam aplainadas e não firam seu semelhante nem a si mesmo.

Os construtores tinham em uma das mãos a trolha e na outra a **Espada**, justamente para repelir os ataques dos inimigos de sua construção.

7.1.15. LANÇA – Arma de choque da cavalaria até o século XX. Está associada à cavalaria andante e à Paixão de Cristo. A exemplo do arpão, simboliza o masculino, poder fálico e terrestre. Sua ligação de sacrifício com o Graal deriva da lenda de que o instrumento usado para perfurar o lado do corpo de Cristo depois de sua morte na cruz era uma lança carregada por um centurião romano, Longino, que depois exclamou: esse homem era verdadeiramente o filho de Deus. Longino tornou-se o santo padroeiro de Mântua, cidade à qual se diz que ele teria voltado carregando gotas de sangue sagrado. Considerava-se que sua lança, como a do grego Aquiles, tinha poder de cura.

7.1.16. CAJADO – A exemplo do bastão e do cetro, símbolo masculino do poder e autoridade, em geral mantido como emblema de cargo ou carregado à frente dos religiosos graduados nas procissões eclesiásticas. O **Cajado** do pastor, ou bordão, era, com o mangual, o principal emblema do deus Osíris como pastor e juiz das almas egípcias. Como arma, o **Cajado** pode ter significado punitivo, mas costuma aparecer na arte como o atributo de peregrinos e santos.

BASTÃO – Antigo emblema de poder sobrenatural, simbolicamente associado à força da árvore ou galho, ao falo, à serpente e à mão ou dedo indicador. O simbolismo de criação e fertilidade do bastão está claro na história bíblica do **Cajado** de Aarão, que floresceu e produziu amêndoas como sinal da bênção divina sobre a casa de Levi, endossando a autoridade de Aarão como fundador do sacerdócio judeu. Na religião, na mitologia, na lenda e no folclore, o **Bastão**, sobretudo de determinadas árvores, como a aveleira, é emblema de autoridade pessoal ou confere a seu proprietário poder sobre o mundo natural e para transformar, profetizar, arbitrar, curar feridas, encontrar água e convocar ou dispensar espíritos.

7.1.17. **MAÇO** – de madeira com cabo, usado pelos carpinteiros, escultores, etc. Em Maçonaria, o maço é o símbolo da força dirigida ou controlada, possivelmente porque foi usado dessa forma pelos escultores e outros artistas. É por isso que, misticamente, representa a aplicação específica do poder ou da energia em determinado ponto, de maneira repentina e resoluta, a fim de lograr um resultado final definido.

O **Malhete** simboliza a força que nos é necessária para combater os vícios e as imperfeições de nossa alma, gravando nela os claros preceitos da Verdade e da Justiça; e por isso representa a força da consciência que nos guia em todas as nossas elucubrações, destruindo todo o equívoco, todo mau pensamento, toda atitude malsã que não condigam com os nobres ditames do bem obrar. Emblematicamente é a submissão da força bruta ante a potencialidade da inteligência.

Sua linguagem oculta nos indica a firmeza de caráter e a inteligência que raciocina, porque cada golpe de malhete sintetiza a vontade de ferro dos maçons ante os afagos, as carícias, vaidades e insídias dos vícios, emblematizando a expressão de vontade da Natureza ao cumprimento das leis inquebrantáveis que regem o Universo.

O **Malhete** sintetizando seu oculto dever, é a força da consciência que deve iluminar todo pensamento vão e indigno, de modo a que nossas palavras e ações subam ao trono da graça pura e limpa; pelo que, o Código Maçônico exige que o adepto seja virtuoso, traga em seu coração princípios sãos e reservados aos que sabem alijar de si a superstição, o fanatismo e a ignorância; professando, em sua íntima convicção e em sua sólida fortaleza, maravilhosas concepções do sagrado lema de libertação física, moral e espiritual da espécie humana, circunscritas no sublime ternário de pureza de pensamento, pureza de palavra, pureza de ação, sacro postulado que eterniza a humanidade maçônica.

7.1.18. VERMELHO – A cor **Vermelha** representa o Sol no Oriente e recorda o sangue derramado na luta pela Liberdade. O **Verde** simboliza Saturno revigorando a raça atual da humanidade e emblemiza a Esperança Espiritual de seu desenvolvimento, mostrando que a alma é imortal. Os bordos do escudo, com sua cor, representam a Luta intensa das Paixões que cercam o mortal que não alcançou a Luz da Iniciação. A **cor Vermelha** ativa e masculina da vida, fogo, impulso, emoção, paixão, amor, alegria, festividade, vitalidade, saúde, força e juventude. O **Vermelho** era a cor emblemática do Sol, dos deuses da guerra e do poder em geral. Em seu aspecto destrutivo estava às vezes associado ao mal, sobretudo na mitologia egípcia, na qual era a cor de Seth e da serpente do caos, Apep. A morte era um cavaleiro vermelho na tradição celta. Como a cor do despertar, era também associada à sexualidade, ao deus fálico Príapo, na Grécia, e à mulher escarlate da prostituição. Todavia, com maior frequência seu simbolismo era positivo. Na China, onde era o emblema da dinastia Chou e do sul, era a de melhor sorte entre todas as cores, associada a vida, riqueza, energia e verão. O **Vermelho** no branco pode simbolizar o sangue perdido e a palidez da morte, mas a marca **vermelha** asiática de beleza é protetora. Os calendários que marcam as festas e dias santos em vermelho são a origem da expressão inglesa *red-letter* (literalmente, marcado com letra vermelha no calendário, e, em sentido figurativo, dia ou data memorável, inesquecível). O vermelho também é tradicionalmente associado às artes ocultas e é cor dominante no tarô. Na alquimia, simboliza o enxofre e o fogo da purificação.

7.1.19. VERDE – é a cor do reino vegetal, sobretudo da primavera em brotação; cor da água, da vida, do frescor, cor intermediária entre o vermelho do fogo e o azul do céu. Frequentemente o **Verde** era o oposto, mas às vezes também (como cor da vida) substituto do vermelho. Como cor da renovação anual da natureza, o verde é, além disso, a cor da esperança, de longa vida e de imortalidade.

O **Verde** é a cor da natureza, da criação, do renascimento, e também da vida. Seu simbolismo é vastíssimo. Nas virtudes teologais é o símbolo da esperança, mas é também o símbolo da revelação, do amor feliz, da alegria, da prosperidade. Em sentido negativo, é a degradação moral, e simboliza o desespero e a loucura. O **Verde** é uma cor apaziguante, tranquilizadora, por isso pode simbolizar submissão.

Vários graus, na Maçonaria, utilizam o simbolismo da cor **Verde**. O Grau de Mestre Maçom, por exemplo, considera o verde como um emblema da imortalidade, ideia que foi sempre transmitida nos Antigos Mistérios, nos quais simbolizava o nascimento do mundo e a criação moral ou a ressurreição do iniciado. Essa ideia encontra sua semelhança na acácia, que é o emblema de uma nova criação do corpo e uma ressurreição moral e física. Para os druidas o verde era um símbolo da esperança, e para o maçom essa cor se tornou a esperança da imortalidade.

De acordo com Mackey, no Grau de Mestre Perfeito, o **Verde** é símbolo da ressurreição moral do candidato, ensinando-lhe que, morrendo para o vício, poderá esperar reviver na virtude. No Grau de Cavaleiro Rosa-Cruz, essa cor é empregada como símbolo da imutável natureza da Verdade, que, como o loureiro, sempre floresce em verde imortal.

Assim, o **Verde** simboliza a verdura, o vigor, a prosperidade, o desabrochar das flores. É a cor da vida natural. Tudo quanto cresce é simbolizado por essa cor, indicando o vigor e a vitalidade. A esperança, os pastos verdejantes pelos quais aguardamos, mas que ainda não obtivemos, pode ser simbolizada por essa cor. Contudo, o verde também pode simbolizar a inexperiência e a simplicidade, a necessidade de maior desenvolvimento.

7.1.20. AMARELO – De todas as cores, segundo Mackey, o amarelo é a menos importante do simbolismo maçônico e teria a mesma insignificância, em outras instituições, se não tivesse sido adotado para representar o solo e o ouro. Entre os antigos, a Luz e a Sabedoria de Deus eram representadas pelo amarelo, como o Poder Divino o era pelo vermelho.

O Amarelo pode indicar a intuição e a intelectualidade. Visto que as pessoas intelectuais olham todos os lados de uma questão, podem parecer hesitantes, o que é injustamente associado à covardia.

Não obstante, o **Amarelo** é geralmente considerado como a cor do mundo transcendente, que se torna claro à inteligência humana, sendo a cor da revelação iluminando o espírito humano em trevas.

Nas virtudes teologais, essa cor simboliza a fé e, nas virtudes mundanas, significa generosidade do coração, inspiração feliz e bom conselho. O **Amarelo** também é a cor da luz, do ouro e da intuição.

Entre os egípcios, um círculo de ouro figurava o curso inteiro do sol e rodeava a cabeça dos deuses e dos heróis da Antiguidade, tendo sido adotado pelo simbolismo cristão, que representou o Messias rodeado desse disco luminoso – símbolo da imortalidade e também dos santos.

OURO – É o metal de perfeição, de simbolismo divino por sua associação universal com o Sol no mundo antigo e também por seu extraordinário brilho, resistência à ferrugem, durabilidade e maleabilidade. Suas qualidades emblemáticas associadas vão de pureza, refinamento, esclarecimento espiritual, verdade, harmonia e sabedoria ao poder terrestre e glória, majestade, nobreza e riqueza. O **ouro** era a Grande Obra da alquimia, o objetivo do processo de transformação e o metal preferido para os objetos sagrados ou para os reis santificados. A maior parte do simbolismo do metal também se incorpora à **cor dourada**: Sol, fogo, glória, divindade, a luz do céu e da verdade. O Dourado simboliza o **Sol,** e, portanto, a mente consciente e a verdade.

8.

Iniciação

8.1. CONCEITO

Iniciação é a ação ou efeito de iniciar ou iniciar-se; ação ou efeito de dar ou receber a noção ou conhecimento de coisas desconhecidas. Muitas religiões antigas tiveram seus mistérios e, consequentemente, sua iniciação.

Entre os primitivos, a iniciação se processava na época da puberdade, e o adolescente, que até então vivia entre as mulheres e as crianças, depois de ser submetido a severas provas e privações, era admitido ao convívio dos adultos, ou seja, dos guerreiros reunidos formando uma sociedade secreta.

Nos povos orientais e entre os egípcios, também entre os gregos, como se verificou entre os hindus, chineses e em todos os povos do mundo e em todos os ciclos culturais, há um conhecimento secreto, um Mistério, que só é desvendado aos que estão devidamente preparados, para nele penetrar, e aos que provem possuir dotes intelectuais e morais correspondentes e adequados ao que é exigido pela ordem iniciática.

Na Antiguidade, os Mistérios constituíam as mais sagradas das solenidades, e eram vistas com grande respeito e reverência por todos os cidadãos, desde o mais humilde ao mais ilustre.

Os Mistérios ensinavam ou representavam a caminhada do ser humano da vida mortal para imortal e as experiências póstumas da alma ou espírito nos mundos subjetivos, como também as leis do aperfeiçoamento da consciência pelo desenvolvimento progressivo de seus poderes internos, espirituais.

Podemos dizer que existem duas espécies de iniciações: a Real e a Simbólica. A primeira é o resultado de um processo evolutivo que leva o iniciado a realizar em si mesmo o que o homem atual deverá ser no futuro. A segunda é apenas a imagem da iniciação real. O objetivo da iniciação formal é conduzir o indivíduo ao conhecimento por uma iluminação interna. É a razão pela qual a Maçonaria usa símbolos para provocar essa iluminação por aproximação analógica.

Para A. Gedalge é preciso distinguir as iniciações, a Simbólica da Iniciação Real ou Vivida. A Iniciação Real ou Vivida é um fato indiscutível. Deve ser cuidadosamente distinguida das iniciações simbólicas, que não são outra coisa senão suas imagens, sem esquemas, pois, como toda ciência se relaciona com a Fisiologia e a Evolução, a iniciação tem seus segredos. Ela é única pela simples razão de que não pode ser outra coisa senão o resultado de um processo acelerado de evolução, levando o iniciado a nela mesmo realizar o que, provavelmente, será o homem atual, daqui a tempos incalculáveis.

Essa cerimônia, mais do que representar uma transição particular para o indivíduo, representava igualmente sua progressiva aceitação e participação na sociedade na qual estava inserido, tendo, portanto, tanto o cunho individual quanto o coletivo.

Há certos conhecimentos, em todos os povos, que revelam e exigem, para alcançar sua enunciação, que tenham sido precedidos por uma especulação, pois seu enunciado não poderia ser alcançado por simples intuição.

Os estágios desses conhecimentos são conhecidos por graus iniciáticos e eram acompanhados de provas intelectuais, morais e também físicas, em grande parte difíceis e que exigiam até o risco à vida.

Depois a iniciação se transformou em uma espécie de educação gradual, na qual o discípulo, inicialmente instruído de suas possibilidades, por meio de uma exposição dogmática e ainda hipotética, desenvolvia em si, por seus próprios esforços, faculdades transcendentes.

Assim, o primeiro passo da vida iniciática é a entrada em câmara onde hão de morrer as paixões, para que o aspirante possa ser admitido no reino da Luz. Como dizia Plutarco há séculos: "Morrer é ser iniciado".

A Maçonaria adquiriu seu aspecto iniciático a partir do século XVIII. A singela recepção das Lojas Operativas foi transformando-se, o ritual foi enriquecendo-se e complicando-se a liturgia, durante todo o século XIX, até chegar à Iniciação Maçônica atual com seu conteúdo simbólico.

Na Maçonaria, muito se escreveu a respeito, mas os historiadores modernos provaram que a iniciação maçônica derivou das recepções da Maçonaria Operativa e do Companheirismo e que se acha relacionada com a arte de construção.

Isso porque os segredos profissionais do Ofício só podiam ser adquiridos com vagar; tratava-se apenas dos meios de reconhecimento entre profissionais.

Essas práticas foram burilando-se de conformidade com a evolução do pensamento filosófico, e ainda poderá haver muitas alterações em seus conceitos no futuro.

Os ideais e pensamentos que a Maçonaria incute no iniciado são símbolos para fazê-lo ver a responsabilidade, o verdadeiro espírito maçônico, afastando-o da falsa ciência e do sectarismo, combatendo e esclarecendo todo homem denegrido pela obscuridade, para que possa se tornar digno de ser uma luz oculta que ilumina a humanidade.

A iniciação maçônica, que consiste em viagens, provas, juramentos e comunicação de mistérios, completa-se quando o maçom, depois de subir os degraus de Aprendiz e Companheiro, torna-se Mestre.

A Maçonaria pretende, através da iniciação, dar ao iniciado uma responsabilidade maior não somente como ser humano com a vida espiritual, mas também como homem e cidadão. É isso que os antigos faziam por meio de ritos iniciáticos.

Os iniciados eram submetidos a exercícios mentais e intelectuais pela meditação e a concentração, e conduzidos, gradativamente, ao despertar de uma vida interior intensa e, assim, à compreensão melhor da vida. Seu objetivo consiste em relembrar ao iniciado que deve dar cada vez mais importância à vida interior do que a atração dos sentidos.

A Iniciação Maçônica é uma só em seus inúmeros ritos conhecidos. Porém, as variações não lhe tiram sua essência, que é a morte do candidato, para depois obter sua ressurreição, como nova criatura, espiritualmente fortalecida esotericamente e transformada.

A Iniciação Maçônica é apenas uma simples prova simbólica, isto é, uma imagem da verdadeira iniciação que se processará quando o iniciado conseguir alcançar um estado de transcendência. E esse estado ele só conseguirá pelo estudo aprofundado do simbolismo maçônico, que há de lhe abrir a porta.

Assim, compreende-se que a Iniciação é o resultado de um processo mais ou menos longo de compreensão, conhecimento e prática, que leva a uma mudança de "status pessoal" por marcar uma mudança de hábitos e conduta.

Uma jornada iniciática não pode partir de preceitos estabelecidos. Deve começar justamente pela eliminação de todo e qualquer conceito que possa, de alguma forma, direcionar ou influenciar o caminho de quem se propõe a empreendê-la.

A Iniciação Maçônica pode significar a morte do corpo "material", no sentido de transformação e regeneração, para renascer com atributos novos, sem deixar de ser o eu que era antes da Iniciação. Transformado pela Iniciação, todos os seus hábitos mudam, seus gestos, sua linguagem e até seu caráter progridem: morrer o profano, para renascer o maçom.

8.2. CERIMÔNIA DE INICIAÇÃO

G∴M∴ – Ven∴ Ir∴ Secr∴, tende a bondade de nos dizer os nomes dos IIr∴ autorizados a receber a iniciação do Gr∴ 15.

SECR∴ – São os IIr∴ F..... F..... F..... e F.....

(Após a leitura dos nomes dos iniciandos pelo Ven∴ Ir∴ Secr∴:)

G∴M∴ – Meus IIr∴, ouvistes a relação dos nomes dos Candidatos à iniciação, se algum de vós tem qualquer observação a fazer, queira se manifestar (Pausa).

(Reinando silêncio:)

G∴M∴ – Ven∴ Ir∴ Orad∴, estais satisfeito com relação à iniciação destes Candidatos?

ORAD∴ – Sim. Il∴ G∴ M∴.

G∴M∴ – Ven∴ Ir∴ M∴ de CCer∴, dignai-vos a preparar os Candidatos, a fim de dar-lhes ingresso neste Templo.

(O Ven∴ Ir∴ M∴ de CCer∴ sai, prepara os Candidatos e, conduzindo-os à porta do Templo, bate como Perf∴ e Sub∴ Maçom (...)

CAP∴ DAS GGUARD∴ – (Entreabrindo a porta, diz:) – Quem bate?

M∴ DE CCER∴ – Maçons que aprenderam a ler na Pedra Cúbica.

CAP∴ DAS GGUARD∴ – Que desejam?

M∴ DE CCER∴ – Compreender.

CAP∴ DAS GGUARD∴ – (Depois de fechar a porta do Templo, diz:) – Ven∴ Ir∴ 2º Vig∴, o Ven∴ Ir∴ M∴ de CCer∴ pede que sejam recebidos entre nós os IIr∴ admitidos à Iniciação.

2º VIG∴ – Ven∴ Ir∴ 1º Vig∴, encontram-se na Sala dos PP∴ PP∴ os IIr∴ que desejam ser admitidos à Iniciação.

1º VIG∴ – Ir∴ G∴ M∴, encontram-se na Sala dos PP∴ PP∴ os IIr∴ que desejam ser admitidos à Iniciação.

G∴M∴ – Seja-lhes franqueado o ingresso.

(Depois de cumprida a ordem:)

G∴M∴ – Ven∴ Ir∴ M∴ de CCer∴, conduzi os iniciandos ao Alt∴ dos JJur∴.

G∴M∴ – (Aos Iniciandos:) – Em vossa Iniciação no Gr∴ 3 disseram-vos que, para ser bom maçom, não havia necessidade de passar por todas as Iniciações, visto o M∴ Maçom estar na plenitude dos direitos maçônicos. Chegastes ao último dos GGr∴ chamados Inefáveis, fim do sistema primitivo. As Iniciações seguintes de nosso Rito são relativas à história. Embora possam parecer um pouco pueris, elas exigem que o Iniciado faça outros estudos. Essa ordem de trabalhos pode não vos agradar ou deles serdes impedidos por vossas ocupações profanas. Nesse caso, a Iniciação seria, para vós, sem interesse e sem prazer; sentir-vos-eis descontentes por vos considerardes infiéis a uma promessa. Respondestes que, por livre vontade, aceitáveis as prescrições de nosso rito e que estáveis resolvidos a prosseguir na instrução dos GGr∴ consagrando-lhe o tempo necessário. Persistis nesta resolução?

INICIANDOS: (...)

G∴M∴ – O objeto essencial da Maçonaria é, na verdade, sua ação moral. O caráter principal do Maçom é ser livre e de bons costumes. A liberdade, como a compreendemos aqui, exige certa cultura intelectual, sem a qual a razão não saberia desbravar preconceitos e sofismas.

As iniciações sucessivas fazem o maçom elevar seus pensamentos acima dos interesses e das potestades, para melhor medir as etapas do progresso.

As antigas iniciações abrangiam todos os conhecimentos humanos da época e obrigavam os iniciados a estudar, não só as cerimônias ritualísticas e seu simb∴, como também as ciências físicas e morais, e, principalmente, a matemática e a astronomia, nas quais os números e as órbitas dos astros davam, por inteiro, a ideia da verdade inconteste e da Lei.

Hoje, estando a Ciência mais fora que dentro do Templo, a Maçonaria tem por fim apoderar-se da Ciência à medida que ela se revela, não importa onde, e em preparar o progresso social.

A vulgarização das verdades novas é lenta, e sua integração nos costumes, mais lenta ainda. A Maçonaria faz seus Iniciados pensar e os transforma em Apóstolos de Verdades novas. Isentos de preconceitos, de fraquezas e de leviandades de espírito os maçons fazem um estudo sereno e sério dos fenômenos históricos da Religião e da Política; trabalham para o advento de novas ideias, sem temeridade nem intolerância, mas com energia e coragem, por ação calma e refletida, contínua e sem agitação febril. Distrai-os, por fim, da absorção de suas ocupações pessoais, despertando-lhes o interesse pelas coisas gerais e ideias morais. Isso é digno de consideração. Na Maçonaria, escuta-se pregar a Moral, porque se está em um Templo, em uma Instituição antiga e sólida, onde a doutrina e a sabedoria, resultantes de esforços seculares, dominam e nos dirigem, porque a lição jamais está em contradição com nossa consciência nem com nosso bom-senso.

Isso leva-me a falar-vos, diretamente, do R∴E∴ A∴A∴. Que é o R∴E∴A∴A∴? (Pausa) – Um sistema de numerosos GGr∴ onde o ensino é permanente, não pela palavra do Presidente e do Orad∴, mas, principalmente, pelo trabalho do adepto. Esse trabalho pessoal, científico, é a condição essencial, sem a qual o rito seria uma infantilidade. Pretende-se, às vezes, que o R∴E∴A∴A∴ seja antidemocrático e contrário ao progresso. A verdade, porém, é outra. De fato, o poder, no R∴E∴A∴A∴, está em mãos dos mais experimentados, o que é garantia necessária a uma Instituição em que a força da perseverança é um poder que deve ser conservado intacto. Os CCap∴ têm, igualmente, liberdade de ação e organizam seus trabalhos internos com toda a independência. As LLoj∴ SSimb∴, não tendo trabalhos filosóficos, procuram alimentar sua atividade já em obras de recreio e de beneficência, já em questões sociais ou mesmo políticas. Impotentes, no primeiro caso, elas estão expostas, quando se intrometem na Política, a se transformarem em clubes de ação e reação, à mercê das seduções dos políticos.

O R∴ E∴ A∴ A∴, pairando acima dessas cogitações, em uma esfera de serena grandeza, é, verdadeiramente, democrático e progressista; pratica, obrigatoriamente, a Ciência Filosófica, porque o progresso só pode ser conseguido pela Ciência (Pausa).

IIr∴ Iniciandos, ouvi agora, sucintamente, os principais fatos da história da Maçonaria.

ORAD∴ – A obscuridade que envolve as origens da Maçonaria nada tem de surpreendente, em uma Instituição que procurou manter sua organização e seus atos em segredo, observando, por muito tempo e como regra inviolável – NADA ESCREVER.

Essa obscuridade é, entretanto, comum às Instituições oriundas da Antiguidade. O despertar do Cristianismo, da Cavalaria, das Comunas, a fundação de cidades, os costumes são objeto de dúvidas, de discussões e de pesquisas. A crítica se exerce no valor das lendas, das tradições e dos documentos. Os autores repetem, uns após outros, fatos, muitos dos quais sem autenticidade demonstrada. E, assim, constitui-se a História, mais por aparência de verdade do que por prova direta.

É o caso da Maçonaria. É possível que na Maçonaria, em uma época qualquer, a livre Maçonaria tenha se originado de associações de construtores, isso, porém, está longe do verdadeiro. O Ritual, as alegorias do Templo, os símbolos tirados dos trabalhos manuais não provam essa origem.

Estudemos, a propósito, a célebre obra *Os três documentos mais antigos da Fraternidade dos Franco-Maçons*, do Ir∴ Carlos Cristiano F. Krause, notável historiador e literato de origem alemã.

À primeira vista, esses documentos parecem referir-se a obreiros profissionais, mas seu estilo já era inteiramente simbólico, como nos tempos modernos. Esses documentos encerram já uma doutrina filosófica ininteligível para simples trabalhadores manuais. Pode-se admitir que os aprendizes e companheiros fossem, nesse ponto, superiores aos de hoje? Que homens do povo, em plena Idade Média, tivessem ideias de se colocarem acima de todos os cultos? Se afirmar que eram, sem dúvida, engenheiros e arquitetos, nesse caso entende-se a linguagem profissional, que era, desde então, simbólica e correspondente à identidade da Maçonaria com as Confrarias Profissionais. O segredo, tão cuidadosamente exigido, não tem razão de ser para causas relativas a ofícios, que não eram, então, mais misteriosos do que são hoje. As alternativas de proteção entusiásticas e de perseguição, a interdição das reuniões, as suspeitas políticas, as denúncias dos sacerdotes, tudo isso não se compreende a propósito de operários; tudo isso testemunha uma situação semelhante à de hoje.

O segundo ponto essencial da história da Maçonaria compreende os capítulos filosóficos, científicos e cavaleirescos que existiam no seio da Maçonaria, desde os tempos antigos.

Tais associações se organizaram em toda a Europa, após as Cruzadas. O contato com as seitas filosóficas do Oriente desenvolvera, em certo número de homens, ideias novas e largas que, por necessidade, dissimulavam nos tempos das perseguições. Depois, vieram as seitas dos Iluminados, os Templários, os Rosa-Cruzes, reformando a ciência natural, os partidos políticos decaídos e, por isso, conspiradores. Os rosa-cruzes tiveram sua máxima expansão no século XVII, na França e na Alemanha. Eles encheram a Europa com seu renome fantástico, praticando a Medicina, espalhando à vontade o ruído de seu poder de transformar os metais e, até, de operar milagres. Foram ridicularizados e caricaturados. Os jesuítas, mais preparados para penetrar no fundo das coisas, os atacaram com violência. Os padres Gouthie Rober e Garasse os tratavam de anabatistas, libertinos e ateus. Francis Bacon, pai da ciência moderna, era rosa-cruz, viveu de 1561 a 1626.

Em 1630, Van Helmont foi condenado, pelo Conselho de Malinês, como rosa-cruz mágico e herético, mas, refugiando-se na Inglaterra, não deixou de frequentar as Lojas, pois a tendência geral era frequentá-las.

1º VIG∴ – Todos esses elementos, refugiados nas LLoj, engendraram diversidade e divergência, mesmo por não existir constituição nem autoridade regularizadora. Na Inglaterra havia, é verdade, G∴ MM∴, cuja lista desde Roger de Montgommery e, mesmo, desde o rei Atheistan e do príncipe Edwin, em 924, foi interrompida cm 1066.

Não sendo, porém, definidos os poderes desses G∴ MM∴, não podia ser mantida a unidade entre grupos tão numerosos, que só tinham por laços tradições, geralmente incertas. De há muito reclamavam uma orientação e EEstat∴ escritos, quando, em 1717, LLoj∴ de Londres, arrogam a si o poder constituinte, sobre as que reconhecessem sua Obediência. A G∴ Loj∴ fez imprimir, como primeiro Estat∴ Geral, antigos regulamentos recolhidos por Anderson. Eliminaram todas as ordens de GGr∴ e CCap∴ Filosóficos ou Cavaleirescos, para só conservarem os três GGr∴ SSimb∴: Apr∴, Comp∴ e M∴ Construtor. Esse último Gr∴ foi até reservado aos que presidissem ou houvessem presidido uma Loj∴. Um certo número de LLoj∴ aceitou a autoridade e a organização da G∴ Loj∴ da Inglaterra. Várias LLoj∴ do próprio Continente se uniram a ela.

Contra esse regime, protestaram muitas LLoj∴ inglesas. Em Londres, fundou-se a Lodge of Antiquity; na Escócia, a G∴ Loj∴ de Kilwining e depois a G Loj∴ de York, e as LLoj∴ a elas filiadas fizeram viva oposição à obra da G∴ Loj∴ da Inglaterra, que havia, diziam, roubado à Maçonaria seus fins e seu caráter antigo.

No Continente, grande número de LLoj∴ e CCap∴ filiaram-se às GG∴ LLoj∴ de Kilwining e de York, a fim de seguirem seus rituais e seus costumes, de acordo com outros novos sistemas, tal a origem da diversidade de Ritos. O Rito Moderno e o de York sofreram oposição, mas ganharam em força. Os que queriam conservar as tendências científicas das antigas Instituições desejavam, também, unificar os EEstat∴ Gerais, criando uma autoridade central, pelo que encontraram grandes dificuldades para conciliar e harmonizar todas as tradições e todas as pretensões.

Muitos sistemas foram imaginados, suas disputas prolongaram-se durante todo o século XVIII.

2º VIG∴ – Existiam, então, Lojas de Perfeição, Capítulos de Cavaleiros do Oriente, de Imperadores do Oriente e do Ocidente, do Real Machado; de Rosa-Cruz da Alemanha, e, depois, Capítulos de Origem Templária, os de Cavalaria de Malta, das Rosa-Cruzes de Constantino, de Heredon, etc.

Uma associação principal tinha Lojas filiadas, tornando-se chefe de um Rito e, não obstante, todas queriam ligar-se, formando um único corpo – a Ordem Maçônica. Houve o Rito Escocês chamado Primitivo, que obteve sucesso na França. Surgiu, enfim, o Rito denominado de Perfeito, de onde nasceu o R∴E∴A∴A∴, composto de 25 graus e adotado por uma das Lojas Mãe, de Berlim, e por muitas Lojas da Alemanha. Um Conselho de Príncipes do Real Segredo e um Capítulo de Imperadores do Oriente e do Ocidente organizaram-se em Bordeaux e em Paris. O Rito espalhou-se pelos Estados Unidos da América do Norte.

Em 1762, uma comissão de nove membros, nomeada pelos Capítulos de Berlim, Paris e Bordeaux, redigiu os Regulamentos e as Constituições, cujo preâmbulo se mostra penetrado da necessidade de "não serem demasiadas quaisquer precauções para manter-lhes a dignidade, perpetuar suas boas máximas, preservando-as dos abusos que nelas, porventura, pudessem ser introduzidos".

Frederico II, G∴ M∴ do R∴ E∴ A∴ A∴ para todos os Capítulos da Europa e da América, preocupado em manter entre os maçons o trabalho filosófico, aumentou os graus a 33, fundando, com maçons desse último, um Supremo Conselho Regularizador. Em 1786, estabeleceu as Grandes Constituições, ainda hoje em vigor, dando, assim, ao nosso Rito sua forma definitiva. Contesta-se que as GG∴ Constituições de 1786 sejam obra de Frederico II. Lede sobre o assunto os escritos de Albert Pike, G∴ Comend∴ do Sup∴ Cons∴ da Jurisdição Sul da América do Norte, que, neste ponto, são decisivos.

ORAD∴ – Quanto à história dos CCav∴ do Or∴, ela só pode ser feita por pesquisas bastantes laboriosas.

Segundo o barão de Westenrode (carta citada por Chory), existia, no Oriente, uma seita filosófica chamada "Sociedade de Ormuz", fundada por Ormuz ou Ormuzius, padre egípcio, convertido por S. Marcos no ano 96. Seus adeptos professavam um misto de doutrinas egípcias e cristãs; denominavam-se "Sábios da Luz" e traziam, como emblema, uma cruz vermelha. Mais tarde, reuniram-se a uma Escola, chamada "Da ciência de Salomão", de origem essênio-judaica, de onde talvez surgisse a Maçonaria. Em 1118, após a tomada de Jerusalém por Saladino, os discípulos dessa Escola fundaram, na Europa, a Ordem dos Maçons do Or∴ ou dos CCav∴ do Or∴, onde ensinavam as altas ciências. Encontram-se seus vestígios em 1196, Raymond Lulle a ela pertenceu e foi quem iniciou o filho de Henrique III, rei da Inglaterra.

A Ordem dos CCav∴ do Or∴, que acabou por se incluir na Maçonaria, foi uma dessas Instituições cuja história é quase impossível fazer-se por falta de documentos ou, talvez, por falta de pesquisas. A história dos reis e dos povos, de seus costumes e de seus atos, traça as grandes revoluções da humanidade, das crenças e a situação geral. São grandes caminhos da história, por onde a multidão passa e cujos meandros é preciso conhecer. Mais interessantes, porém, são os caminhos onde se encontram as causas ignoradas, as minorias e, até, os solitários.

Aí estão os precursores, as originalidades, a flor do espírito humano, dos quais governos, política e movimentos gerais são a "produção em grosso".

A fecundação das ideias se faz no silêncio. Os profundos pensamentos, os verdadeiros inventores ficam desconhecidos, como as verdadeiras dedicações, os verdadeiros mártires e os verdadeiros poetas. Esses admiráveis espíritos desdenham da glória e da popularidade. Não é preciso outra explicação para a atração poderosa das sociedades secretas das eras passadas e para a dificuldade de se encontrar sua história.

O R∴E∴A∴A∴, por nós seguido, assim como a orientação particular dos Altos Corpos SSimb∴, não são mais no Brasil motivo de discussões vãs e irritantes.

A Amizade Fraternal, que liga os bons maçons, é o laço unitivo da Ordem Maçônica. O que, porém, é preciso, e mesmo ineludível, é colocar essa unidade ao abrigo de acontecimentos profanos, que trazem, às vezes, rompimentos passageiros entre IIr∴, mesmo de países diferentes. Os verdadeiros Maçons encontrarão, em seus princípios e em sua razão, o meio de realizar esse progresso pela ideia de solidariedade universal.

G∴M∴ – Meus IIr∴, perguntareis, talvez, por que este rápido resumo é tal qual as obras históricas da Maçonaria, que se limitam a expor fatos relativos à organização intrínseca da Instituição, sem jamais falar da ação maçônica sobre os acontecimentos profanos?

A explicação é simples: é que essa ação nunca se traduz por fatos apreciáveis. Nas épocas mais perturbadas, quando os Maçons lutavam para implantar suas aspirações no evoluir social, jamais se fez questão de LLoj∴; então, como ainda hoje, a Maçonaria ficou sempre fiel a seu princípio: não aparecer. Na primeira metade do século XVII deu-se a Revolução da Inglaterra. Não é possível que, com sua tendência e sua composição, as LLoj∴ nela não houvessem tomado parte. Entretanto, nunca se falou delas, a não ser para constatar-se que certos personagens, como Cromwell, eram maçons. O mesmo se deu quanto à Revolução Francesa, em que homens como Mirabeau desempenharam papel saliente. As referências, porém, à Maçonaria, só se encontram nas encíclicas papais e nos livros dos jesuítas que, então como hoje, se declaram nossos adversários. Assim, também, nas lutas de nossa Independência política, cujas tenazes libertadoras foram caldeadas pelos princípios maçônicos, e, no entanto, hoje, só reverenciamos a memória dos que, SSub∴ O Obr∴ de Maçonaria, formam os pioneiros da alvorada de 7 de setembro de 1822.

Esse segredo de nosso poder é baseado, precisamente, na antiga regra que interdita discussões políticas em Loj∴, a fim de nos colocarmos acima dos partidos. Da mesma forma, o segredo de nosso poder nas questões religiosas está na lei que nos proíbe discutir dogmas religiosos, pois a todos igualmente toleramos. Nossos adversários têm muita razão em pensar que tal tolerância encerra a prescrição de todos os dogmas.

ORAD∴ – O ensino maçônico deu nascimento, desde muito, a uma ciência que não tomou, nesses últimos tempos, lugar distinto na história: a Ciência das Religiões.

Com efeito, o Grau de Cavaleiro do Oriente não é mais do que estudo das doutrinas de Zoroastro e de sua influência sobre as doutrinas judaicas.

Nas iniciações anteriores, mostramos Hiram, a inteligência, morto pelo vício, pela tirania e pela ignorância da multidão. Mostramos as qualidades morais de que o obreiro necessita para a reconstrução do Templo. Nos três graus de eleitos, conduzimos à luta. A tirania foi vencida, a princípio, pela violência, depois pela ação da justiça regular.

A vitória seria estéril, se não fosse, imediatamente, seguida do trabalho de organização, trabalho científico, árduo e rigoroso.

Fizemos Grandes Arquitetos trabalhando pela ciência exata. Para logo, apresentou-se à sua razão, o grande problema, fundamento da ideia moral e, por esta, da ideia social. Procuraram em vão a Palavra na Pedra Bruta; Maçom Grande Eleito encontraram sobre a Pedra Cúbica as letras que a compõem. A Pedra Bruta era a Natureza, tal qual ela feriu os sentidos primitivos; a Pedra Cúbica é a Natureza observada metodicamente.

A observação científica vos conduziu ao Infinito, em todas as coisas. Sondastes o espaço e o tempo e só encontraram uma noite sem fim. Procurastes a origem da vida; perceberam a passagem da matéria organizada à matéria viva. Vistes as sucessivas transformações dos organismos, desde as partículas infinitesimais, que escapam a toda medida. Então, diante do infinitamente pequeno, vos sentistes tão impotentes como em face do infinitamente grande, pois a massa da matéria iluminada em seu microscópio é, também, uma massa.

A evolução que aparece como um fato único é uma série de fatos. Por uma sequência necessária. O tempo, indivisível para nós, como parcela do espaço é, na realidade, consequência do movimento ou do tempo. No espaço, onde vemos aparecer uma célula, como no espaço em que vemos os astros amontoados uns atrás dos outros, a vida escapa aos nossos olhos e à nossa imaginação. Nosso olhar e nosso pensamento se perdem no Infinito.

G∴M∴ – A inteligência é, para nós, a mais perfeita manifestação da vida. Dela encontramos traços nos animais inferiores; seu poder parece aumentar nas espécies superiores até o homem. No recém-nascido, mal vemos traços dela, mas, no entanto, ela aí está e se desenvolve. O homem selvagem tem-na pequena; o oriundo de uma raça que pensou muito a tem em maior quantidade, porque toda a geração acumula e se beneficia do que pensou a geração precedente.

Até onde ela será capaz de ir? Que será a inteligência com o poder um milhão de vezes mais penetrante? Possuirá a dose suprema? Insensata pergunta, tanto mais quando, na Natureza inteira, não existe uma única série de coisas da qual percebemos o último termo. A progressão da inteligência, o aumento de sua força, perdem-se, pois, para nós, no Infinito, como no infinitamente grande se perde o conjunto do mundo, como cada um de seus átomos se perde no infinitamente pequeno. (Pausa)

Meus IIr∴, temos a necessidade de vos recordar esses ensinamentos. São as letras que lestes sobre a Pedra Cúbica e compõem o nome do G∴A∴D∴U∴. Afirmaram-vos que sabereis lê-las quando fosseis Perf∴ Maçom. (Pausa)

Ven∴ Ir∴ M∴ de CCer∴, conduzi o primeiro Neófito à entrada do Or∴. (Pausa)

(Ao Iniciando:) – Meu Ir∴, quando fostes iniciado Perf∴ Maçom, aprendestes a ler o Nome?

INICIADO – Nenhum homem jamais o leu.

G∴M∴ – Que vos ensinaram?

INICIADO – Disseram-me que Deus existe.

G∴M∴ – Onde?

INICIADO – No Infinito.

G∴M∴ – Que vos disseram sobre Ele?

INICIADO – Nada.

G∴M∴ – Que disseram de vós mesmos?

INICIADO – Disseram-me: entre Deus e vossa razão não permitais que ninguém se interponha.

G∴M∴ – Acrescentaram, mais: Sede sincero com vós mesmos: defendei vossa liberdade e nunca cerceeis a liberdade de outrem. (Pausa)

Tal é, com efeito, a última palavra da Sabedoria. Assim, a Maçonaria termina o primeiro ciclo de seus ensinamentos.

Agora, só depende de vós terdes o valor individual em proporção ao vosso trabalho pessoal. Nada sabereis, nada compreendereis, a não ser à custa de vosso próprio julgamento, de vossa própria vontade de encontrar a Verdade. Ninguém tem nada a vos revelar sobre essas questões que, em todos os tempos, foram objeto de discussão entre os homens. (Pausa)

(!) Ven∴ Ir∴ M∴ de CCer∴, conduzi os iniciandos para entre CCol∴. (Pausa)

(!) Ven∴ Ir∴ 1º Vig∴, revelamos a estes IIr∴ todo o nosso pensamento, esclarecemos sua razão, estimulamos sua coragem para o trabalho e garantimo-lhes a liberdade. Que mais poderão eles esperar de nós?

1º VIG∴ – (Aos Iniciandos:) – Meus IIr∴, nós vos demos tudo, que mais desejais?

2º VIG∴ – (Aos iniciandos:) – Tendes vossa razão e vossa liberdade, que mais quereis?

ORAD∴ – (Depois de momentos de silêncio:) – Quando o Templo foi concluído e recebeu o depósito sagrado do Delta, os Eleitos pensaram que o trabalho estava terminado.

A indolência paralisou os espíritos e perverteu-lhes o coração. O próprio Salomão foi invadido pelo demônio do orgulho; abandonou as veredas da verdade e da Justiça, entregando-se à luxúria vergonhosa, levantou Altares a deuses infames. Então, Sião corrompeu-se; a Casa do Senhor foi empestada. Os vícios trouxeram o ódio, a superstição e a ignorância. A entrada santa, que ocultava o Delta, foi esquecida; os descendentes de David tornaram-se vis e covardes; os ricos tornaram-se cúpidos; os operários ficaram pobres; a massa da nação quedou-se na miséria. Eis o que aconteceu por terem os Eleitos pensado que todo trabalho seria daí por diante inútil, e por isso não souberam se utilizar da própria liberdade.

1º VIG∴ – Os principais oficiais do rei interrogaram Baruc, o Profeta, dizendo-lhe: "Como escrevestes todas essas palavras saídas da boca de Jeremias?". Baruc respondeu-lhes: "Ele as ditou-me de viva voz e eu as gravei, com tinta, no livro". Então, o rei mandou Jehudi buscar o livro no quarto de Eliscamah, seu secretário, e o fez ler.

Logo que Jehudi leu três ou quatro páginas, o rei rasgou o livro e lançou-o ao fogo, cujo braseiro tudo consumiu. É assim que a tirania destrói até as lembranças de coisas que produziram a sabedoria e a liberdade.

2º VIG∴ – Vendo isso, outros povos desprezaram o povo de Israel. Nabucodonosor, rei da Babilônia, sitiou

Jerusalém no 11º ano do reinado de Sedécias, 21º rei da raça de David. A cidade Santa foi saqueada; as fortificações destruídas; o Templo desmoronado; os tesouros roubados; uma parte do povo morreu de fome e a outra, com Sedécias, foi conduzida cativa para a Babilônia. Sedécias morreu três anos depois. O general Nabuzardan, encarregado da destruição de Jerusalém, entrou triunfante na Babilônia, arrastando, após si, os cativos carregados de correntes, cujos elos tinham a forma triangular, por causa do Delta, que o vencedor julgava ser, ainda adorado pelos hebreus, que, aliás, não mais o conheciam e por isso caíram na miséria e na escravidão.

ORAD∴ – Alguns judeus ficaram nas ruínas de Jerusalém. Entre eles achavam-se iniciados nos antigos mistérios. Erravam, gemendo, pelas ruínas da cidade, à espera do fim das dez semanas de anos, prescritas pelo Profeta, como término do cativeiro. (Música em surdina, depois do que o ilustre G∴M∴ dá um golpe de malhete.)

2º VIG∴ – Nossos perseguidores foram mais ligeiros que as águias do céu. Perseguiram-nos através das montanhas, e, no deserto, armaram emboscadas contra nós.

1º VIG∴ – Os caminhos de Sião estão de luto. O Senhor resplandeceu em Jacó como um fogo devorador que o queimou inteiramente.

ORAD∴ – O Eterno estendeu sua mão sobre a casa de Israel. Nossos campos estão estéreis como o deserto; nossos rebanhos foram roubados ou mortos à fome. Estamos andrajosos e os estrangeiros nos insultam, dizendo: "Eis a casa de Israel".

G∴ M∴ (Aos Iniciandos:)(!) – Meus IIr∴, este Templo está em ruínas; é razão humana de que desesperastes. O gênio do homem lutou contra os elementos, reuniu os materiais de sua propriedade, conquistou a ciência; julgou haver construído sua felicidade e disse: "Darei a meus filhos um espírito justo e a meus IIr∴ o amor; que os tornará fortes; mostrarei ao povo seus direitos". Vós não persististes e os filhos perderam o espírito da Justiça e os IIr∴ ficaram sem amor. Bastou, para tudo destruir, que um conquistador brutal viesse do país do Norte. Não soubestes vos servir da liberdade e o tirano calcou aos pés a Ciência, o amor e o direito; esmagou o gênio do homem; fez do povo seu escravo e, tornando-o ignorante, fê-lo covarde. O povo incensou seu carrasco, adorando-o, como seu rei e seu Deus.

(O primeiro iniciando corre em direção ao Or∴. Os VVig∴, conduzindo cetros, vão a seu encalço e tentam detê-lo, mas ele escapa e, parando à entrada do Or∴, diz:)

INICIANDO – Ilustre G∴M∴, não me conheceis? Eu sou Zorobabel. Meus pais foram príncipes de Israel. Vivi na Babilônia como soldado do exército de Kurosh. Martirizado pela miséria de nossos IIr∴ que gemiam, além, no cativeiro, quis ver os destroços do Templo Santo. Só encontrei sinais de devastação e solidão. Gritos de dor apontaram-me o dever. Resolvido a cumpri-lo, volto à Babilônia. Lembrarei ao rei suas promessas. Se ele se recusar a cumpri-las, apelarei para o sofrimento dos nossos. Que o último filho de Israel seja antes estrangulado do que gemer mais tempo no opróbio; sua morte, porém, eu o juro, caro custará a seus carrascos.

(Tocam pratos, tambores e sinos. Os outros Iniciandos cercam Zorobabel. Todos os assistentes levantam-se, exclamando: H∴, H∴, H∴)

G∴M∴ – Prínc∴ Zorobabel, acabais de lançar o grito de liberdade!

Que não encontreis corações enfraquecidos pela escravidão! Tendes a audácia da liberdade, mas é preciso que a temeridade não comprometa o sucesso, pois jogais a sorte da Pátria. Desejais voltar à Babilônia? Ide! Kurosh fez promessas reiteradas, lembrai-lhes. O rei é um sábio, iniciado nos mistérios de seu país, e, sem dúvida, saberá que a Justiça é o alicerce da prosperidade dos impérios. Ademais, homens e coisas seguem leis eternas, sem as conhecerem. Ide, e que vossos desígnios sejam cumpridos!

(O Ven∴ Ir∴ M∴ de CCer∴ conduz os iniciandos para fora do Templo e, ali, lê a lenda, que poderá também ser lida pelo Ilustre G∴M∴ aos IIr∴, durante a ausência dos Iniciandos.)

M∴ DE CCER∴ – Eis, meus IIr∴, a lenda que, sobre este Gr∴, me compete contar-vos: o livro hebraico DEBARI HAIMIN, que chamamos *As Crônicas*, relata: "O Senhor inspirou Kurosh, rei da Pérsia, que fez uma proclamação a todos os seus povos, dizendo: Kurosh, Rei dos Persas, assim fala: "Yanuah Alochi", no céu deu-me todos os reinos da Terra e encarregou-me de edificar uma casa para Yarusalém, em Yaduah. Quais, dentre vós, pertenceis a esse povo? O Senhor seu Deus está comigo". Essa proclamação era consequência de um sonho e das solicitações de Sasbatzar ou Zorobabel, Nazer ou príncipe Yeduah, chefe dos judeus. O rei tinha visto Nabucodonosor e Baltasar, reis da Babilônia, acorrentados e por sobre eles, esvoaçando, uma águia, que dizia o nome do Deus dos hebreus. O sonho fora interpretado por Daniel Rab Sergonim, chefe dos sagons (sábios do tempo de Dario e Meda), que amedrontou Kurosh, se não obedecesse ao Deus de Israel.

Zorobabel foi levado à presença do rei, que estava cercado de generais e de sábios da Pérsia e da Babilônia, com todas as pompas de sua corte. O príncipe da Judeia apresentou-se coberto de vestes de penitência.

"Que desejais?", perguntou-lhe o rei. Zorobabel disse-lhe: "A Liberdade". Retrucou o rei: "Dar-te-ei a Liberdade e a de teu povo, restituir-te os tesouros da Judeia; permitir-te-ei reconstruir o Templo de teu Deus, se me entregares o Delta oculto entre os iniciados de teu país, e se me disseres o nome que nele se contém". Zorobabel respondeu-lhe: "Se é com violação de meus sentimentos que posso recuperar a liberdade, morrerei na escravidão, pois sou, também, guardião do fogo".

"Quem te salvará de minha cólera?", disse-lhe o Rei. "Teu juramento de soldado de Mitra e tua honra de rei", retrucou-lhe Zorobabel.

O rei Kurosh rendeu homenagem à lealdade de Zorobabel, dizendo-lhe: "Sabendo-te um dos Mestres de Luz, quis experimentar tua fidelidade". Fez-lhe, então, despir as vestes de servidão e cingiu-lhe a fita dos nobres da Média e da Pérsia. Nomeou-o Tharshata, isto é, governador da Judeia, e restituiu-lhe a espada e o anel, sinais de sua autoridade. Deu-lhe, além disso, instruções secretas, recomendando-lhe só as comunicar aos iniciados do Templo a reedificar.

Chefes dos agons acompanharam Zorobabel à Yarusalém, com 42.360 judeus e seus servidores. Percorreram o Eufrates, a borda do deserto da Arábia e, depois, tomaram o caminho de Damasco. Na passagem do Gabara, encontraram uma ponte, onde foram atacados por colonos babilônicos, estabelecidos em Samaria, os quais procuraram roubar-lhes o tesouro do Templo. Os judeus, triunfantes, forçaram a passagem da ponte, mas Zorobabel perdeu, na refrega, a fita de rei. Entraram no país de Israel, reedificaram o Templo e a cidade de Jerusalém.

M∴ DE CCER∴ – (Após a Lenda, entra no Templo sozinho e diz:) – Ilustre G∴ M∴, o exército de Zorobabel está pouco distante. O príncipe tomou a vanguarda com os iniciados do Templo e, em breve, estará aqui.

G∴M∴ ∴ – Meus IIr∴, aprestemo-nos para recebê-los. Que, à sua chegada, abram-se as portas do Cons∴..

(O M∴ de CCer∴ sai e volta, imediatamente, com os iniciandos. Aberta a porta do Templo, todos entram.)

G∴M∴ – (!) De pé, meus IIr∴ (Pausa) – Saudemos o libertador de Judeia! (H∴H∴H∴).

(Ao Iniciando:) – Príncipe, cumpriste tuas promessas, e, assim, adquiriste a maior glória que um homem pode aspirar: de dar a liberdade ao seu povo.

ZOROBABEL – Ilustre G∴M∴ e vós, meus IIr∴, meu coração está repleto de alegria por encontrar-me entre vós. Reconduzo à Pátria 42 mil IIr∴, na maior parte nascidos no cativeiro. Uma nova vida começa para Israel e Judá!

G∴M∴ – Príncipe Zorobabel, conhecemos vossos nobres feitos. Depois de terdes, por vossa prudência, obtido nossa libertação, nos salvastes, pela segunda vez por vosso valor. A ponte de Gabara ficará sendo o símbolo da passagem da escravidão para a independência. Recebemos, com orgulho, o governador da Judeia.

ZOROBABEL – Devemos nossas vitórias à coragem de todos, devemos nossa Liberdade ao mais justo dos Reis e ao mais sábio dos homens. Lembrando-me dele, gravei nas pilastras da ponte as letras L∴D∴P (LIBERDADE DE PASSAGEM). Escutai, meus IIr∴ o que, a respeito, tenho a dizer-vos.

G∴M∴ – (!) Sentemo-nos, meus IIr∴ Ven∴ Ir∴ M∴ de CCer∴, fazei sentar os Iniciandos que acompanham Zorobabel.

ZOROBABEL – (Continuando de pé:) – Quando fui levado à presença de Ciro, estava ele cercado de toda majestade de sua Corte.

"Príncipe dos Hebreus", disse-me, "admito-vos neste Conselho porque direito a isso vos assiste. Cativo, por infortúnio, em nada, e por isso diminuístes. Tendes a grandeza da Ciência, única justa. Sois iniciado do Templo de Salomão; sois dos que conservam, em vosso país, as tradições da razão, tão difíceis de defender contra a ignorância da multidão e contra os ataques dos que especulam com a ignorância".

G∴ M∴ – Por que não dizeis que ele propôs a liberdade dos judeus se consentísseis em dar-lhe a chave dos mistérios e a Palavra Sagrada do Delta, ao que lhe respondestes que, mesmo pela liberdade de vosso país, não violaríeis vosso juramento?

ZOROBABEL – Era uma experiência. Ciro conhecia a Palavra do Delta, sem ter necessidade da indiscrição de ninguém. Vossos mistérios, disse-me ele, são revelados, pelo próprio Deus, a quem deve consultar a Razão.

Ouvi agora o que ele, em segredo, me encarregou de dizer-vos: "Vossos sábios conheceram um Deus único, libertado da mitologia grosseira, onde outros deuses são heróis, mas aos que atribuíam a cólera, o ciúme e algumas vezes a injustiça e a crueldade, que só podem ser paixões humanas".

Os sábios de meu país procuram analisar o que se encontra na noção de Deus, como causa primária. Suas concepções parecem-me mais profundas que as vossas. Não dou, porém, minha opinião, pois não me julgo com autoridade para impô-la aos outros. Todos os vossos iniciados não ficaram em Jerusalém. Muitos deles existem aqui onde encontraram mais liberdade que entre os que pensavam como eles. Puderam estudar nossos mistérios, de onde tirarão, espero, salutares ensinamentos. Dizei-lhes eu se a sabedoria dos iniciados judeus é igual à dos persas; existe, entretanto, um ponto em que os persas são superiores; é que os persas adoram um Deus. Pai comum de todas as nações, o fogo eterno que, igualmente, anima a todos os homens. Ide reedificar o Templo, que ele seja o Templo da Liberdade para todas as opiniões, e da tolerância que é o alicerce da fraternidade.

Ciro disse-me, também, que não existe povo sobre a Terra que não se imagine o eleito de Deus.

G∴M∴ – Meus IIr∴, bem sabeis que entre os nossos, ficados nas ruínas do primeiro Templo, vários visitaram a Índia, o Egito e os países do Ocidente. Não vos trouxeram eles o mesmo pensar, igual ao que hoje nos vem da Pérsia? O orgulho de ter para si um Deus particular não é uma idolatria? Essa idolatria não conduziu muitos povos à superstição, ao torpor de espírito, à corrupção e, finalmente, à escravidão?

Eis o que está escrito: "Um profeta possuía um anel ao qual se atribuía o dom da profecia. Cada um de seus três filhos pediu-lhe o anel. Depois de mandar fazer três anéis iguais, lançou o verdadeiro ao mar, distribuindo os outros por seus filhos, dizendo reservadamente a cada um que aquele era o verdadeiro. Os filhos acreditaram no pai e se fizeram profetas, a todos convencendo de que, de fato, eram". Tal é, com efeito, uma convicção sincera. Possa o povo de Judeia não mais dar exemplos de intolerância; possa, jamais, ser vítima da intolerância dos outros. Nós que, pela segunda vez, temos de construir o Templo da Verdade, consagremo-lo à independência política de cada povo, à independência filosófica de cada indivíduo.

(Pausa)

Ir∴ Zorobabel, revelastes-nos um novo elemento da sabedoria e, com ele, novos deveres. Cav∴ do Or∴, vosso nome ficará ligado em nossos mistérios ao novo ensinamento. Cumprindo vossos deveres, perdestes o Colar, insígnia de honras profanas, ele será substituído pelas insígnias de vossas obrigações aceitas, livremente, entre nós.

Ven∴ Ir∴ M∴ de CCer∴, conduzi o iniciando para entre CCol∴.

(O Ven∴ Ir∴ M∴ de CCer∴ cumpre a ordem, enquanto o 2º Exp∴ coloca uma mesa com uma almofada, sobre a qual estão a Fita e a Trolha.)

G∴M∴ – Ven∴ Ir∴ 1º Vig∴, dignai-vos cingir o Iniciando com a Fita de Cav∴ da Águia, em lembrança do sonho de Ciro e do fim do cativeiro.

(O Ven∴ Ir∴ 1º Vig∴ executa.)

G∴M∴ - Ir∴ Zorobabel, desembainhai vossa Esp∴ que salvou o país. Ela será a glória do Cav∴ da Esp∴..

(O iniciando cumpre a ordem.)

G∴ M∴ - Ven∴ Ir∴ 2º Vig∴, entregai ao Iniciando a trolha de Cav∴ do Or∴, Símbolo da construção do segundo Templo.

(Cumprida a ordem, os VVen∴ IIr∴ VVig∴ voltam para seus lugares e a mesa é retirada pelo 2º Exp∴, ficando o Iniciando, de pé, no centro do Templo.)

a) JURAMENTO

G∴ M∴ - (Ao Iniciando:) - Aproximai-vos.

(O Iniciando vai até a frente do Alt∴ dos JJur∴, onde fica a três passos da distância, tendo a Trolha na mão direita e a Esp∴ na mão esquerda.)

G∴M∴ - Quereis jurar que nos ajudareis a reconstruir e, se necessário, a defender o Templo da Independência e da Tolerância?

INICIANDO - Sim!

G∴M∴ - (!) De pé, meus IIr∴.. (Pausa) - Ven∴ Ir∴ Ord∴, tende a bondade de ler a fórmula do Jur∴..

ORAD∴ - Por minha honra, declaro que, solicitando minha iniciação nos GGr∴ da Maçonaria, sou levado pelo desejo de me instruir e não pelo de tirar proveitos para minha profissão profana, nem com ambição de empregos públicos. Farei os estudos prescritos na medida de minhas faculdades. Empregarei os meios de que dispuser para esclarecer minha razão e adquirir, em matéria religiosa e filosófica, convicções pessoais e refletidas. Resistirei a toda violência que, por artifício de linguagem, por intimidação ou por bajulação, meus interesses a isso se oponham. Se outrem me parecer em erro, esclarecê-lo-ei se puder, mas respeitando sua opinião, sua vontade em todas as coisas em que a independência de suas convições estiver em jogo. Empregarei todos os meus esforços para impedir, no seio da Maçonaria, qualquer medida que seja um ato de intolerância e que violar o princípio fundamental do R∴E∴A∴A∴. Não comunicarei a nenhum profano ou a maçom, irregularmente iniciado, os Ritos do Cons∴ de Cav∴ do Or∴, nem nada do que for tratado em suas sessões.

Aceito e prometo obediência ao Sup∴ Cons∴ do Gr∴ 33º do R∴E∴A∴A∴ da Maçonaria para a República Federativa do Brasil e aos Regulamentos deste Sub∴ Cap∴ R∴C∴ de que dependerei. Assim o juro e prometo.

G∴M∴ – (Aos Iniciandos:) – Aceitais este juramento?

INICIANDOS – (...)

G∴M∴ – Ven∴ Ir∴ M∴ de CCer∴, colocai os Iniciandos em face do Alt∴ dos JJur∴. Que cada um deles, ao ser chamado pelo Ven∴ Ir∴ Sec∴, estenda a mão direita para a frente e diga: EU O JURO!

G∴ M∴ – Ven∴ Ir∴ Sec∴, tende a bondade de fazer a chamada nominal dos Iniciandos.

SEC∴ – Ir∴ F... F... F...

INICIANDO – (Ao ser chamado estende a mão direita para a frente e diz:) – EU O JURO!

b) CONSAGRAÇÃO – INVESTIDURA

G∴ M∴ – Ven∴ Ir∴ M∴ de CCer∴, fazei ajoelharem-se os iniciados.

(Depois de os iniciados terem ajoelhado sobre o joelho direito, auxiliados pelo M∴ de CCer∴, o G∴M∴ desce do Trono, fica de frente para os iniciados e estende a Esp∴ sobre estes, e diz:)

G∴ M∴ – (Aos demais IIr∴) – A Ordem meus IIr∴.

G∴ M∴ – Em nome e sob os auspícios do Sup∴ Cons∴ do Gr∴ 33 do R∴E∴A∴A∴ da Maçonaria para a República Federativa do Brasil, e, em virtude dos poderes que me foram conferidos pelo Sub∴ Cap∴ Rosa Cruz, eu vos declaro, armo e proclamo CCav∴ do Or∴, da Esp∴ e da Águia, invisto-vos das prerrogativas do Gr∴ 15 de nosso Rito, para que as useis em todas as Oficinas regularmente constituídas.

(O Ilustre G∴ M∴ dá, no ombro direito dos Iniciados, a B∴ do Gr∴ 15. Embainha a Esp∴.)

G∴ M∴ – Ven∴ Ir∴ 1º Vig∴, lede a fórmula especial do compromisso que os CCav∴ do Or∴ mutuamente contraem.

1º VIG∴ – Nós prometemos a cada um de nossos IIr∴ ajudá-lo, esclarecer sua razão, respeitar a independência de suas convicções e o direito de, por eles, pautar sua conduta; impedir todo e qualquer atentado contra essa independência em sua vida maçônica e profana.

TODOS OS PRESENTES – (Estendem a mão direita para a frente, e dizem:) – EU O JURO!

G∴M∴ – (Aos demais IIr∴) – Sentemo-nos, meus IIr∴..

(O G∴ M∴ e todos voltam aos seus lugares menos os iniciados, que permanecem com o M∴ de CCer∴, no centro do Templo.)

G∴M∴ – Ven∴ Ir∴ 2º Vig∴, daí aos Iniciados as instruções do Gr∴.

(O Ven∴ Ir∴ 2º Vig∴, aproximando-se dos iniciados e auxiliado pelo Ven∴ Ir∴ M∴ de CCer∴, dá-lhes as instruções do Cob∴ do Gr∴ 15.)

2º VIG∴ – Ilustre G∴ M∴, instruções completas foram ministradas aos novos CCAv∴ do Or∴..

9.

Instruções do Grau 15

OBSERVAÇÕES: Esta instrução deve ser ministrada na primeira sessão que se seguir à da Iniciação do Grau 15, e sempre como ensinamento nas sessões de instrução.

9.1. INSTRUÇÃO DO GRAU

a) TROLHAMENTO

P. Sois Cav∴ do Or∴?

R. Fui levado preso e acorrentado a Ciro, e saí de sua presença livre e reabilitado.

P. Que é um Cav∴ do Or∴?

R. Um maçom instruído e tolerante.

P. Como haveis chegado ao Gr∴ 15?

R. Por minha constância e resolução quando outros desmaiavam em seus trabalhos.

P. Que idade tendes?

R. (...)

P. Por que essa idade?

R. Por ser o término dos trabalhos do homem e, entre nós, significa que o que cumpre seus deveres para com a Maçonaria chega ao término, embora morra jovem.

b) QUESTIONÁRIO

G∴M∴ – Que representam os três triângulos uns dentro dos outros?

1º VIG∴ – Os três principais atributos da Divindade: o Poder, a Inteligência e a Bondade.

G∴M∴ – Que simbolizam as duas EEsp∴ cruzadas que estão sobre a joia do Gr∴?

2º VIG∴ – A Verdade e a Justiça, únicas armas do maçom, com as quais nunca deve temer ser vencido.

G∴M∴ – Por quê, em vossa iniciação, levastes Trolha na mão direita e a Esp∴ na mão esquerda?

1º VIG∴ – Para lembrar-me sempre de que os bons Maçons combatem os vícios e as más paixões, ao mesmo tempo que se consagram à grande obra da emancipação intelectual e da tolerância, o Templo da Verdade, devendo adorar-lhe todos os homens que creem no G∴A∴D∴U∴.

G∴M∴ – Podeis descrever o Quadro Simb∴ do Gr∴ 15?

2º VIG∴ – Sim. (Mostrando o Quadro) – Nesse quadro em forma de um escudo, há uma ESTRELA de cinco pontas, de cor vermelha – verde. No centro da Estrela, um "M", de cor dourada. Os bordos do Quadro são de cor azul-escuro. A ESTRELA nos recorda a quinta sub-raça da quinta raça, da qual descendemos. O "M" emblemiza o Macrocosmo e o Microcosmo Universal e Humano. A cor dourada do M nos lembra que o ouro espiritual da Maçonaria é superior a todo o ouro do mundo.

A cor Vermelha representa o Sol no Oriente e recorda o sangue derramado na luta pela Liberdade. O Verde simboliza Saturno revigorando a raça atual da humanidade e emblemiza a esperança espiritual de seu desenvolvimento, mostrando que a alma é imortal. Os bordos do Quadro, com sua cor, representam a Luta intensa das Paixões, que cercam o mortal que não alcançou a Luz da Iniciação.

G∴M∴ – Eis também o Painel Alegórico do Gr∴ 15?

G∴M∴ – Em que lugar deve ser aberto e lido o L∴ da L∴ no Gr∴ 15 e quem o faz?

1º VIG∴ – O L∴ da L∴ deve ser aberto e lido pelo Orador em Esdras, Cap. 3, vers. 8 a 10, inclusive.

G∴M∴ – Por que o L∴ da L∴ deve ser aberto e lido neste lugar?

2º VIG∴ – Para comemorar o lançamento dos alicerces do Segundo Templo, por Zorobabel, e as festividades então celebradas.

G∴M∴ – Está terminada a Instrução.

9.2. COMENTÁRIOS

O QUE SIGNIFICA SABER TRAZER A TROLHA EM UMA DAS MÃOS E A ESPADA NA OUTRA?

A **Trolha**, como já vimos, é um instrumento usado na construção de alvenaria; há certa confusão em torno desse objeto, alguns entendem ser a "colher de pedreiro", porém é a pequena tábua, lisa de um lado, e com uma alça do outro, que é manejada para alisar a massa atirada sobre a parede, ou seja, "desempenadeira".

Trolhar significa tirar as asperezas.

A **Trolha** representa a união de todos os instrumentos de trabalho, e a construção do Grande Templo de Salomão obedeceu a uma ordem divina de que, sendo o lugar de construção sagrado, não poderia haver rumores inconvenientes, como o bater do malho sobre o buril.

A construção mística é silenciosa; a meditação envolve o mundo de dentro e o maçom constrói seu próprio Templo com o cuidado de quem produz uma obra prima que é sagrada.

O maçom deverá ter em suas mãos, permanentemente, a **Trolha**, para que suas arestas sejam aplainadas e não firam seu semelhante e a si mesmo.

A **Espada** neste Grau não simboliza a Justiça, mas a defesa, pois devemos sempre estar atentos ao inimigo, que é astucioso e vigilante.

A **Espada** sempre foi uma arma, posto possa simbolizar a Justiça; porém uma Justiça punitiva. A Justiça do equilíbrio, de "dar a cada um o que é seu".

Os construtores tinham em uma das mãos a trolha e na outra a **Espada**, justamente para repelir os ataques dos inimigos de sua reconstrução.

Também, lembra-nos sempre de que os bons maçons combatem os vícios e as paixões, ao mesmo tempo em que se consagram à grande obra da emancipação intelectual e de tolerância, o Templo da Verdade, devendo adorar-lhe todos os homens que creem no G∴A∴D∴U∴.

9.3. PONTE DE GABARA (L.D.P. = LIBERDADE DE PENSAR)

Quando Zorobabel conduziu seu povo de volta a Israel, tiveram de passar por um rio caudaloso (Eufrates); seria feita a travessia por meio de uma grande ponte, solidamente construída.

Porém, os filisteus não desejavam o retorno de Zorobabel e se colocaram no centro da ponte para impedir a passagem.

O combate foi longo e muito sangrento; o sacrifício foi enorme, porém os atos de heroísmo e a crença de que estavam lutando pela vitória fez com que o inimigo batesse em retirada. Esse fato lembra aos Cavaleiros do Oriente de que o caminho não é tranquilo, mas que onde menos se espera nos aguarda o inimigo, que deverá ser vencido.

Nessa ponte, os vencedores gravaram algumas letras que, traduzidas, significam "Liberdade de Pensar".

As pilastras de uma ponte são seu sustentáculo; nessas pilastras, as letras gravadas passaram a constituir uma recordação, não apenas da passagem, de ultrapassar um obstáculo, mas de uma grande vitória. A **Liberdade de Pensar** em nossos dias é uma garantia dos governantes nos países democráticos.

No passado, o homem não tinha essa liberdade; seu pensamento e suas decisões estavam na dependência de um consentimento, na maioria das vezes dos Chefes da Religião ou do governo. A Igreja e os Reis Absolutistas perseguiram aqueles que se aventuravam na proclamação da Liberdade Religiosa e do Pensamento. Na **Ponte de Gabara**, os inimigos se antepõem aos que desejam a Liberdade de Pensar e de Agir.

9.4. LIBERDADE (LIMITE DA RAZÃO)

No *Dicionário Houaiss*: **Liberdade** é o Grau de dependência legítimo que um cidadão, um povo ou uma nação elege como valor supremo de um ideal.

Ou, ainda, é a condição daquele que não se acha submetido a qualquer força constrangedora física ou moral; ou, também, o conjunto de direitos reconhecidos ao indivíduo, considerado isoladamente ou um grupo, em face da autoridade política e perante o Estado.

No *Dicionário Aurélio*: **Liberdade** é a faculdade de cada um se decidir ou agir segundo a própria determinação, ou o poder de agir no seio de uma sociedade organizada, segundo a própria determinação, dentro dos limites impostos por normas definidas.

O **conceito de Liberdade** recebeu diversas acepções ao longo da história do pensamento. Podendo ser encarado sob diferentes perspectivas de análise, pode ser entendido das mais variadas maneiras: como ato voluntário, como ausência de coação ou interferência externa, como possibilidade de escolha, como possibilidade de autodeterminação, etc.

Por outro lado, essas várias acepções podem ter diversos âmbitos de aplicação, dependendo do objeto a que se referem; assim, fala-se tanto de **Liberdade pessoal** quanto de liberdade social e política, de **Liberdade de palavra**, de **Liberdade** pública, etc. Tudo isso torna o conceito de liberdade extremamente complexo.

Originariamente, porém, a noção de liberdade apresentava uma conotação política: os termos *eleuteros* (grego) e *líber* (romano) designavam, basicamente, aquele que não sendo escravo, tinha a possibilidade de ir e vir, de escolher seus próprios caminhos, além de possuir o ócio que lhe garantia fazer o que quisesse de seu tempo. O não escravo gozava assim as prerrogativas do direito de cidadania, podendo participar das decisões das pólis ou das urbis.

Mas na própria tradição helênica – nas obras de filósofos e também dos grandes poetas, particularmente nas dos grandes trágicos –, a noção de **Liberdade** já assume múltipla dimensão. Assim, pode-se falar desde então em uma **liberdade natural**, entendida como a possibilidade de se subtrair a uma ordem cósmica predeterminada.

Frequentemente, no entanto, essa **Liberdade** em relação ao destino comportava, entre os gregos, um sentido negativo: os que se subtraem verdadeiramente pouco importam, pois a **Verdadeira Liberdade** – manifestada por sábios e heróis – estaria na aceitação e no cumprimento de uma necessidade de ordem superior, na qual se inseriria o destino de cada um, o destino pessoal.

A transposição filosófica desse tema aparece principalmente nos pensadores, que concebem a **Liberdade** como sinônimo de cumprimento dos ditames da razão, que justamente revelaria a necessidade inerente à própria harmonia universal e que, desde a época de Pitágoras, seria expressa em relações matemáticas.

Os gregos já distinguiam também uma **Liberdade** social ou política: a própria noção de pólis implicava a autonomia de comunidades profundamente cônscias de suas peculiaridades, de suas tradições, de seus deuses, de seu patrimônio cultural. E, dentro delas, a liberdade individual expressava-se pelo acatamento das leis que definiam a fisionomia própria a cada pólis.

Finalmente, e sobretudo a partir das especulações filosóficas, os antigos gregos deram início à conceituação do que pode ser chamado de **Liberdade Pessoal**. Em particular, o socratismo interpretado pelos cínicos insistirá sobre a **Liberdade** que o indivíduo deve buscar a partir de si mesmo, de sua própria natureza, e que lhe permitiria viver segundo sua própria lei, como ser autárquico e independente das convenções sociais. Essa tese é reformulada pelo estoicismo, que proclama a independência do indivíduo em relação aos organismos políticos, transformando-o em um "cidadão do universo", apenas submetido à Razão Universal que regeria o Cosmo.

A ideia de **Liberdade** entre os gregos adquiriu realce no sistema de Aristóteles, que à luz da perspectiva finalista no tratamento dos diferentes fenômenos tentou conciliar a ordem natural e a ordem moral. Aristóteles já utiliza uma distinção que será continuamente retomada por pensadores posteriores entre **Liberdade da Vontade** (que justifica a existência de ações voluntárias) e a Liberdade de Escolha ou Livre-Arbítrio. As ações involuntárias seriam produzidas pela ignorância ou pela coação; assim, somente às voluntárias poder-se-iam referir as ações morais. Mas estas, na verdade, pressuporiam ainda um outro nível de **Liberdade**: o de escolher.

O advento do Cristianismo representou a recolocação do tema da **Liberdade** sob outro enfoque. Fundamentalmente tratava-se de conciliar uma natureza humana livre – livre para poder errar ou acertar, salvar-se ou perder-se – e uma Providência Divina, manifestação de um Deus concebido como onisciente, onipotente e sumamente bom. Reelaborando doutrinas herdadas da tradição greco-romana, esse tipo de discussão aparece como um tema central da filosofia e da teologia desenvolvidas por Santo Agostinho, que tenta conciliar o **Livre-Arbítrio** do homem com a presciência divina.

Os pensadores cristãos da Escolástica ocuparam-se, frequentemente, de questões relativas ao **Livre-Arbítrio**, à ação voluntária e ao relacionamento entre a liberdade humana e a graça. Desenvolvendo argumentos aristotélicos, Santo Tomás de Aquino mostra que não basta a ausência de coação para justificar a **Liberdade**: é necessário ainda admitir que algo precisa mover a vontade, para que esta se autodetermine. Esse motor da vontade seria o intelecto, que comandaria desse modo o movimento em direção ao bem, fim natural da ação humana. Todavia, Santo Tomás considera que o homem pode escolher o mal – e o fará, certamente, se não contar com o socorro de Deus.

Atualmente, pensadores modernos, como Spinoza, conceberam a **Liberdade** como consistindo basicamente em se seguir a própria natureza, enquanto esta se acha estreitamente vinculada a toda a realidade. Essa inserção da natureza individual no todo da natureza universal fez com que Spinoza fosse encarado como partidário do determinismo.

Por sua vez, Kant procurou justificar a coexistência da necessidade (no plano natural) e da **Liberdade** (no plano da moralidade). Do ponto de vista da "razão pura", a **Liberdade** apresenta-se, segundo Kant, como uma questão insondável, propiciando uma das antinomias da razão. Todavia, no âmbito da "razão prática", a **Liberdade** ressurge como um postulado de moralidade.

Durante o século XIX, ocorreram acirradas disputas entre partidários da liberdade e defensores do determinismo. Frequentemente, aqueles eram pensadores espiritualistas, enquanto os segundos adoravam as teses materialistas, constituindo duas facções a se confrontar por meio de argumentos metafísicos. Já outros autores, como John Stuart Mill, procuraram tratar a questão da **Liberdade** não através de colocações especulativas, mas como uma questão de fato e de direito. Mais ou menos na mesma época outros pensadores, como Maine de Biran e Jules Lacheliwer, encararam a **Liberdade** como um problema que diz respeito, basicamente, à compreensão do "eu interior", independentemente de qualquer tipo de determinismo. Em outra linha de cogitações, filósofos como Kierkegaard vinculam o tema da liberdade a preocupações existenciais de fundo religioso. Mas, por outro lado, Marx propôs um enfoque social e histórico para o tratamento da questão, mostrando que, apesar do determinismo natural e social, o homem é capaz de dar um salto para a **Liberdade**.

No pensamento filosófico do início do século XX, teve particular importância a concepção de Bergson sobre a liberdade, que defende uma interpretação do **Livre-Arbítrio** totalmente diversa da concepção tradicional. Para ele, o **Livre-Arbítrio** não se situa na esfera racional, do chamado "eu de superfície" e que é absolutamente determinado. A perfeita **Liberdade** não precisaria de motivos ou razões, estando situada no "eu profundo", que seria puro dinamismo e pura heterogeneidade. A liberdade constituiria a expansão deste "eu profundo", que se autodetermina, independentemente de qualquer causa exterior.

Para Schopenhauer, a ação humana não é absolutamente livre. Todo o agir humano, bem como todos os fenômenos da natureza, até mesmo suas leis, são níveis de objetivação da coisa em si kantiana, que o filósofo identifica como sendo puramente Vontade.

Para Schopenhauer, o homem é capaz de acessar sua realidade por um duplo registro: o primeiro, o do fenômeno, onde todo o existente reduz-se, nesse nível, a mera representação. No nível essencial, que não se deixa apreender pela intuição intelectual, pela experiência dos sentidos, o mundo apreendido imediatamente como vontade, Vontade de Vida. Nesse caso, a noção de vontade assume um aspecto amplo e aberto, transformando-se no princípio motor dos eventos que se sucedem na dimensão fenomênica segundo a lei da causalidade.

Para Jean-Paul Sartre, a **Liberdade** é a condição ontológica do ser humano. O homem é antes de tudo livre. O homem é livre mesmo de uma essência particular, como não o são os objetos do mundo, as coisas. Livre a um ponto tal que pode ser considerada a brecha por onde o Nada encontra seu espaço na ontologia. O homem é nada antes de definir-se como algo, e é absolutamente livre para definir-se, engajar-se, encerrar-se, esgotar a si mesmo.

O problema da **Liberdade** como aparato metafísico tem sido rejeitado pelos pensadores, filiados à filosofia analítica. Para eles não se trata de tentar explicar o problema da liberdade, mas fundamentalmente de se fazer uma análise linguística de expressões relativas a ações voluntárias ou involuntárias, propósitos, intenções, etc.

Muitos pensadores e filósofos discutiram e discutem incessantemente conceitos de **Liberdade**, de livre-arbítrio e de intolerância, mas os povos do mundo ainda praticam os maiores absurdos em nome de religiões e políticas, as lutas, as guerras e os abusos surgem em todas as partes do mundo, não há bom senso, não existe tolerância nem compreensão de qualquer espécie.

9.4.1. LIBERDADE POLÍTICA – (também conhecida como autonomia política ou ação política) é um conceito central na história ocidental e do pensamento político e uma das características mais importantes (reais e ideais) das sociedades democráticas. Ela foi descrita como uma relação livre de opressão ou coerção, ou a ausência da condição incapacitante para o indivíduo e para o cumprimento de condições propícias; ou a ausência de condições vividas de compulsão, por exemplo, compulsão econômica em uma sociedade. Embora a **liberdade política** seja muitas vezes interpretada negativamente, como a **Liberdade** de restrições externas irracionais sobre a ação, também pode se referir ao exercício positivo de direitos, capacidades e possibilidades de ação, e o exercício de direito sociais ou de grupos. O conceito de **Liberdade** está intimamente ligado com os conceitos de liberdades civis e direitos humanos, que nas sociedades democráticas são normalmente oferecidas à proteção legal do Estado.

9.4.2. LIBERDADE DE CONSCIÊNCIA – A consciência é um pensamento íntimo, que pertence ao homem, como todos os outros pensamentos.

O homem não tem direito de pôr embaraços à liberdade de consciência, assim como à **liberdade de pensar**. Só a Deus cabe o direito do julgar a consciência, pelas leis da Natureza, que regulam as relações entre ele e o homem. A **Liberdade de Consciência** é um dos caracteres da verdadeira civilização e do progresso. Constranger o homem a proceder em desacordo com seu modo de pensar é fazê-lo hipócrita.

A doutrina que expressa a Verdade será aquela que fizer mais homens de bem e menos hipócritas, pois pratica a lei do amor em sua maior pureza e mais ampla aplicação. Esse é o sinal para que se reconheça se uma doutrina é boa, porque a que semear a desunião e separar os filhos de Deus será falsa e perniciosa.

9.4.3. LIBERDADE DE EXPRESSÃO – é o direito de manifestar livremente opiniões, ideias e pensamentos. É um conceito basilar nas democracias modernas nas quais a censura não tem respaldo moral.

O direito à **Liberdade de Expressão** é caracterizado como direito da personalidade, integrante do estado do ser humano, fundamental para a concretização do princípio da dignidade da pessoa humana, e determina, para quem o incorpora, específicas funções. Ele é garantia individual e protege a sociedade contra o arbítrio e as soluções de força.

9.4.4. LIBERDADE RELIGIOSA – A Liberdade de Religião e de opinião é considerada por muitos como um direito humano fundamental. A liberdade de religião inclui ainda a liberdade de não seguir qualquer religião, ou mesmo de não ter opinião sobre a existência ou não de Deus.

A questão da **Liberdade Religiosa** é extremamente complexa e delicada. É complexa porque a compreensão desse tema depende de uma abordagem interdisciplinar e, por conseguinte, de incursões que vão além da ciência jurídica (direito), envolvendo, também, a história, a teologia, a antropologia, a ciência da religião e a filosofia.

O tema é delicado porque revela o desafio de se conviver em um mundo plural, em que a intolerância religiosa ainda está presente em vários países do mundo, como na China, no Paquistão, no Irã, na Arábia Saudita e muitos outros.

Também é preocupante a situação do Iraque, da Síria, da Turquia e outros. Alguns imersos nos atentados terroristas sunitas tendo por alvo os xiitas e nas ameaças contra a comunidade cristã, que são por vezes levadas às suas últimas consequências. Atualmente, o Estado Islâmico é extremamente preocupante e de difícil solução.

9.4.5. INTOLERÂNCIA RELIGIOSA é um termo que descreve a atitude mental caracterizada pela falta de habilidade ou vontade em reconhecer e respeitar diferenças ou crenças religiosas de outros. Pode-se constituir uma intolerância ideológica ou política. Pode-se também resultar em perseguição religiosa, e ambas têm sido comuns através da história. A maioria dos grupos religiosos já passou por tal situação em uma época ou outra. Floresce devido à ausência de tolerância religiosa, liberdade de religião e pluralismo; nesse contexto, pode referir-se a prisões ilegais, espancamentos, torturas, execuções injustificadas, negação de benefícios e de direitos e liberdades civis. Pode também implicar confisco de bens e destruição de propriedades, ou incitamento ao ódio, entre outras coisas.

Citamos algumas ocorrências de perseguições:

Perseguições na Antiguidade:
Perseguição aos cristãos (Inquisição Romana);

Perseguições na Idade Média e Moderna:
Antissemitismo.

Perseguições na Idade Contemporânea:
Holocausto;
Pioneiros mórmons (Estados Unidos);
Perseguição hindu aos cristãos (Índia);
Perseguições às testemunhas de Jeová;

Há muitos outros casos ocorridos na Europa e na África.

10.

AVENTAL E COLAR

O Avental é de veludo carmesim (vermelho), orlado de verde, tendo no centro **Três Triângulos** concêntricos, e na abeta uma **Cabeça atravessada por duas Espadas cruzadas em aspas.**

A Fita é em forma de colar, verde chamalotada, tendo no lado esquerdo o **Sol** e, por baixo deste, uma **Espada** e um **Cetro**.

A joia é de metal branco, feita de **Três Triângulos** concêntricos, tendo sobre o do interior **duas Espadas cruzadas em aspas.**

10.1. SIMBOLISMO

10.1.1. OS TRÊS TRIÂNGULOS – Os **três triângulos** uns dentro dos outros representam os principais atributos da Divindade: **PODER – INTELIGÊNCIA – BONDADE**.

PODER
É ter a faculdade ou possibilidade de; possuir força física ou moral; ter influência; ser capaz de; ter força, vontade ou energia moral para; ter autoridade moral para.

INTELIGÊNCIA
A inteligência é, para nós, a mais perfeita manifestação da vida. Dela encontramos traços nos animais inferiores; seu poder parece aumentar nas espécies superiores até o homem. No recém-nascido, mal vemos traços dela, no entanto, ela aí está e se desenvolver.

A INTELIGÊNCIA
Tem sido definida popularmente e ao longo da história de muitas formas diferentes, tal como em termos da capacidade de alguém ou algo para lógica, abstração, memorização, compreensão, autoconhecimento, comunicação, aprendizado, controle emocional, planejamento e resolução de problemas.

É a capacidade de aprender e organizar os dados de uma situação, em circunstâncias para os quais de nada servem o instinto e aprendizagem e o hábito; capacidade de resolver problemas e empenhar-se em processos de pensamento abstrato.

BONDADE
Qualidade de quem tem alma nobre e generosa; é sensível aos males do próximo e naturalmente inclinado a fazer o bem.

Bondade é a qualidade correspondente a ser bom, ou seja, a qualidade de manifestar satisfatoriamente alguma perfeição, que pode aplicar a pessoas, coisas e situações.

A **Bondade** pode significar a disposição permanente de uma pessoa em não fazer o mal ou de um objeto ou situação em não ser prejudicial; nesse sentido, tem por sinônimo a benignidade.

A **Bondade** pode significar a disposição permanente de uma pessoa em fazer o bem; nesse sentido, tem por sinônimo a benevolência.

10.1.2. AS DUAS ESPADAS CRUZADAS – As duas espadas cruzadas simbolizam a Verdade e a Justiça, únicas armas do maçom com as quais nunca deve temer ser vencido.

10.1.3. TRIÂNGULO TRÍPLICE – O TRÍPLECE TRIÂNGULO FILOSÓFICO: GERAÇÃO, DESTRUIÇÃO E REGENERAÇÃO – como na Trimurti hindu Brahma é o criador, Vishnu, o conservador; e Shiva, o destruidor. Segundo Mackey: "O pentalfa ou triângulo de Pitágoras é usualmente chamado também de tríplice triângulo, porque três triângulos são formados pela interseção de seus lados. Há, porém, outra variedade de tríplice triângulo, mais propriamente intitulado com essa denominação. No Grau de Cavaleiro de Oriente do R∴E∴A∴A∴ diz-se que o símbolo também se refere à tríplice essência da Divindade; mas o simbolismo torna-se ainda mais místico, supondo-se que representa o número sagrado 81, cada lado dos três triângulos sendo equivalente a 9, que, além disso, é o quadrado de 3, o número mais sagrado em Maçonaria.

10.1.4. CETRO – Símbolo de supremo poder e de dignidade. Frequentemente era considerado portador de forças divinas. Costumava ser atributo dos deuses.

A exemplo do Bastão, emblema de fertilidade do poder criativo e da autoridade, mas com uma decoração mais ornamentada e associada aos deuses ou governantes supremos. O **Cetro** geralmente implica poder real ou espiritual para ministrar justiça, inclusive punição. Assim, o **Cetro** do faraó do Egito era encimado pela cabeça do violento deus Seth. Outros cetros estão ligados especificamente à força criativa e destrutiva do trovão como raio, em particular o cetro diamante ou vajra das tradições hinduísta e budista, e o darje tibetano. Esses cetros simbolizam tanto o domínio espiritual indestrutível quanto a sabedoria ou a iluminação compassiva. O cetro de ébano de Roma era encimado pela águia da supremacia e imortalidade. Topos esféricos simbolizavam autoridade universal, como no cetro dos monarcas britânicos com orbe e cruz.

10.1.5. O VERDE é a cor do reino vegetal, sobretudo da primavera em brotação; cor da água, da vida, do frescor, cor intermediária entre o vermelho do fogo e o azul do céu. Frequentemente o **Verde** era o oposto, mas às vezes também (como cor da vida) substituto do vermelho. Como cor da renovação anual da natureza, o **Verde** é, além disso, a cor da esperança, de longa vida e de imortalidade.

Os sacerdotes e os reis que formaram os signos hieroglíficos nas religiões dos primeiros tempos da humanidade, considerando provavelmente que a cor verde, colocada no centro do espectro, no arco-íris, entre o azul e o amarelo, lá estava como a resultante dessas duas cores, sendo obtida pela mistura do azul e do amarelo, fizeram do verde a base simbólica das cores.

O **Verde** é a cor da natureza, da criação, do renascimento, e também da vida. O seu simbolismo é vastíssimo. Nas virtudes teologais é o símbolo da esperança, mas é também o símbolo da revelação, do amor feliz, da alegria, da prosperidade. Em sentido negativo, é a degradação moral, e simboliza o desespero e a loucura. O **Verde** é uma cor apaziguante, tranquilizadora, por isso pode simbolizar submissão.

10.1.6. O **VERMELHO** é o símbolo do fogo (que vem do céu), sendo um sinal de afeição, de criação, de caridade, de entusiasmo pela filantropia, que deve inflamar o coração do maçom. Significa também zelo e fervor.

O **Vermelho** é a cor simbólica do fogo regenerador. É a cor de sangue e símbolo da vida. Simboliza atividade, combatividade, ardor, choque, sendo o símbolo da paixão imperiosa, do sentimento forte. É uma cor popular, e consequentemente da sensibilidade; mas é também uma cor excitante e, como tal, símbolo de todos os sonhos rubros das revoluções.

Positivamente: cor da vida, do amor, do calor, da paixão, da fecundidade. Negativamente: cor da guerra, do poder destrutivo do fogo, do derramamento de sangue, do ódio.

O **Vermelho** é a cor do fogo, e, como tal, simboliza a vida. Mas também é a cor do sangue, em cujo caso simboliza o sofrimento, o homicídio, o julgamento divino mediante a matança. O sangue, o fogo, o vinho, as emoções fortes, a excitação sexual e a ira são coisas comumente simbolizadas pela cor **vermelha**.

11.

Símbolos do Grau 15

11.1. PONTE DE GABARA

A lenda diz que os judeus, em número de 40 mil, encontram-se às margens do Rio Eufrates com seus inimigos, os "samaritanos", que tentaram impedir sua passagem. Isso justifica a presença da ponte e das iniciais no painel, simbolizando a liberdade de passagem pelo rio.

11.2. (L.D.P. = LIBERDADE DE PENSAR)

Tem-se dado vários significados a essas iniciais escritas sobre a ponte do painel do Grau 15. O romancista A. Dumas, em suas *Memórias de um Médico*, as traduz por *Lilia destrue pedibus*. Nos rituais, essas palavras são consideradas como as iniciais das palavras **Liberdade de Passar**. A palavra de passe do Grau é *Libertas*; porém, ao contrário, a passagem pela ponte não é livre. O verdadeiro sentido das iniciais é **Liberdade de Pensar**. "**Liberdade de Pensamento** e de **Consciência**"; o espólio, objetivo dos Cavaleiros do Oriente a ser recuperado da Igreja de Roma.

11.3. ESPADA

Há uma diferença muito grande entre o momento da construção do Grande Templo de Salomão e a reconstrução de Zorobabel; Salomão erigia o Templo dentro de um ambiente de paz; Zorobabel tinha os que cobiçavam as riquezas trazidas da Babilônia, devolvidas por Ciro, e também o medo da reconstrução de Jerusalém.

Hoje vemos um fato curioso junto ao povo de Israel, que constrói, na fronteira, sua pátria; em uma das mãos os instrumentos de trabalho e, na outra, o fuzil. É óbvio que esse fuzil não está nas mãos, mas sempre por perto, em local fácil para ser buscado e usado.

Passados dois milênios, as circunstâncias repetem-se como desígnio divino e como exemplo para os maçons; a história se repete, sempre, porque o destino do homem não muda.

A **Espada**, nessa parte do ritual, não simboliza a justiça, mas a defesa, pois devemos sempre estar atentos ao inimigo, que é astucioso e vigilante.

A Espada sempre foi uma arma, posto possa simbolizar a Justiça; porém uma Justiça punitiva. A Justiça de equilíbrio, de o "dar a cada um o que é seu", vem simbolizada pela Balança; houve, posteriormente, a fusão dos dois símbolos: a Balança sustentada por uma Espada. A Espada teve grande evolução e temos uma variedade muito grande de formatos, estilos e tamanhos.

A glória do Cavaleiro da Espada é desembainhar sua espada. Não se concebe um cavaleiro sem sua espada. Essa espada encontra-se em sua bainha, ou seja, adormecida. O momento glorioso para um cavaleiro é empunhar a espada e tirá-la da bainha, ou seja, acordá-la.

Nem sempre, a Espada é manejada para a luta; mas quando a necessidade o exigir, então essa luta será sempre na posição defensiva; a defesa da própria pessoa ou de outrem.

É a arma que se transforma em símbolo da Justiça; da Palavra judiciosa; da intervenção adequada, no momento exato.

Um cavaleiro deve sempre desembainhar sua espada. Isso porque o cavaleiro surge no momento oportuno; esse cavaleiro despertado em nós será aquele que não vacila diante do perigo, da agressão ou de uma injustiça. Ele sempre interferirá sem ser necessário chamá-lo. A espontaneidade é que dá valor ao ato. Nenhum valor terá, para o solicitado, defender o que clama por socorro.

Além da obrigação de ser solidário e somar sua força com a de quem está sendo agredido, o gesto espontâneo comprovará a formação ideal do caráter; pronto a desembainhar sua espada em defesa, para um benefício; às vezes é suficiente o gesto; a presença, para dar o amparo e o conforto; aquele que, isolado, se recolhe a uma humilde posição, se agigantará se ao seu lado se postar um cavaleiro.

Não esqueçamos, jamais, de antes de desembainhar a espada, nos conscientizar de que devemos beijar sua lâmina para enviá-la em missão de Paz e Justiça.

11.4. TROLHA

A **Trolha** representa a união de todos os instrumentos de trabalho, e a construção do Grande Templo de Salomão obedeceu a uma ordem divina de que, sendo o lugar de construção sagrado, não poderia haver rumores inconvenientes, como o bater do malho sobre o buril.

A construção mística é silenciosa; a meditação envolve o mundo de dentro e o maçom constrói seu próprio Templo com o cuidado de quem produz uma obra-prima que é sagrada.

＃ 12.

REALIZAÇÕES DE ZOROBABEL

Após o decreto de Ciro, em 538 a.C., quando os povos cativados pela Babilônia tiveram permissão de retornar às suas pátrias de origem, Zorobabel foi nomeado governador (no hebraico *pechah*) de Jerusalém. Essas narrativas condizem bem com a política de Ciro para com os grupos minoritários que tinham sido cativados e expatriados durante o regime neobabilônico. Ao encorajar aquelas populações a voltarem para suas terras de origem e reconstruírem seus santuários religiosos, Ciro estava, ao mesmo tempo, promovendo a boa-vontade daqueles povos para com seu regime, e também se aliviando da responsabilidade de manter grupos cativos dissidentes em uma contínua servidão. Por volta de 530 a.C., alguns dos hebreus haviam retornado a Jerusalém sob a liderança de Zorobabel. E esses judeus deram início ao trabalho de reconstrução do templo.

Zorobabel foi o grande líder político de Jerusalém, ativo durante o governo de Tatenai, governador militar da Judeia, sob o qual atuava. Josué era o sumo sacerdote, e operava como a principal figura religiosa. O trabalho de reconstrução do templo, que fora impedido até o ano de 520 a.c., foi reiniciado quando Dario encontrou, nos arquivos reais, o decreto que autorizava o projeto, além de ter proibido qualquer interferência, como alguns adversários dos judeus vinham fazendo com o trabalho. Esse apoio real, juntamente com um polpudo subsídio para que a construção do templo de Jerusalém pudesse ser completada, proveu a sanção oficial para a tarefa que até ali vinha sendo frustrada, abatendo em muito o ânimo dos repatriados judeus até então. Foi por essa época que os profetas Ageu e Zacarias (520 a.C.) ofereceram o ímpeto moral e espiritual de que os judeus precisavam para se atirarem decididamente à construção do templo. Ageu repreendeu aos judeus por seu egoísmo, indiferença e negligência, o que impeliu Zorobabel a fornecer a supervisão necessária para a tarefa. Naquele mesmo ano, Zacarias começou a exortar que se completasse a construção do templo, prometendo que a oposição que se manifestara logo estaria inteiramente eliminada.

Dentro das tradições judaicas, **Zorobabel** aparece como homem renomado. Uma crônica judaica do século VI d.C. preservou a tradição de que **Zorobabel** retornou à Babilônia após 515 a.C., tendo substituído seu pai, Salatiel, como príncipe dos exilados judeus que ali residiam; mas essa tradição é altamente improvável.

No livro de Zacarias, **Zorobabel** desempenha um papel preponderante, como figura emblemática. Ao que tudo indica, se Josué simbolizava o aspecto sacerdotal do ministério do Senhor Jesus, Zorobabel representava o aspecto real desse mesmo ministério. Ainda nesse livro, **Zorobabel** recebeu do Senhor uma instrução que é a chave do sucesso para todo e qualquer empreendimento espiritual. Essa é a palavra do Senhor a **Zorobabel**: "Não por força nem por poder, mas por meu Espírito", diz o Senhor dos Exércitos". E, logo em seguida, é garantido o mais absoluto êxito de Zorobabel contra todos os obstáculos: "Quem és tu, ó grande monte? Diante de **Zorobabel** será uma campina; porque ele colocará a pedra de remate, em meio a aclamações: Haja graça e graça para ela". E que seu trabalho chegaria ao bom tempo. Assim: "As mãos de **Zorobabel** lançaram os fundamentos dessa casa, elas mesmas a acabarão, para que saibais que o Senhor dos Exércitos é quem me enviou a vós outros".

Depois da libertação do exílio babilônico, Zorobabel, em 537 a.C., liderou um estante judeu na volta a Jerusalém e a Judá. Como governador nomeado pelo rei Ciro, confiou-se a **Zorobabel** os vasos sagrados de ouro e de prata que, anos antes, tinham sido tirados do templo por Nabucodonosor. Em Jerusalém, sob a direção de Zorobabel e do sumo sacerdote, Josué erigiu o altar do templo no sétimo mês, e, no segundo ano, no segundo mês, começou a real construção do templo. Reconhecendo a motivação ruim dos não judeus que pediram para participar na obra de reconstrução, **Zorobabel**, Josué e os cabeças das casas paternas declararam: "Não tendes nada que ver conosco na construção de uma casa ao nosso Deus, pois nós mesmos, juntos, construiremos para Jeová, o Deus de Israel, assim como nos mandou o rei Ciro, rei da Pérsia".

Esses não judeus, contudo, continuaram a desencorajar os edificadores do templo, e, por fim, tiveram êxito em conseguir um embargo oficial da obra. Mais tarde, **Zorobabel** e Josué, estimulados pelos profetas Ageu e Zacarias, corajosamente reiniciaram a construção do templo, apesar da proscrição. Depois disso, uma investigação feita nos arquivos persas vindicou a legalidade do trabalho deles. Por toda a obra, os profetas Ageu e Zacarias continuaram a incentivar **Zorobabel**, fortalecendo-o para tal trabalho e garantindo-lhe o favor divino. Por fim, o templo foi concluído. Também, durante a governança de Zorobabel, cuidou-se das necessidades dos levitas, os cantores e os porteiros recebendo seu quinhão, conforme a necessidade diária.

13.

AS PALAVRAS E OS NÚMEROS

13.1. AS PALAVRAS

AGEU – Um dos 12 profetas menores. Nada se sabe da vida e pessoa do profeta; sua obra profética é mencionada em Esdras 5:1; 6:14. A reconstrução do templo se iniciou em 537 a.c., mas depois foi interrompida. O profeta atribui o fracasso da agricultura e a pobreza da comunidade a essa negligência. Depois os líderes da comunidade atenderam ao profeta e completaram a construção do templo. Embora as características do segundo templo não possuíssem a conhecida grandiosidade do templo de Salomão, o profeta assegura a seus ouvintes a glória do primeiro, porque Iahweh conquistará as nações e trará os tesouros do mundo a esse templo, uma alusão à riqueza dos tempos messiânicos.

Os pronunciamentos do profeta datam de agosto a outubro de 520 a.C.

ATERSATA

Mackey diz ter sido este o título dado aos governadores persas da Judeia, supondo-se que essa palavra deriva do vocábulo persa *torsch*, que tem o sentido de "austero", "severo", sendo, portanto, equivalente à "Vossa Severidade". É o título que recebe o Presidente de um Capítulo Rosa-Cruz.

BABILÔNIA

A palavra Babilônia era empregada para aludir à cidade que era capital da Babilônia. Ocupava o território que agora é o sul do Iraque. Por associação popular, o termo hebraico *balal* (confusão) foi ligado à Babilônia como o local onde houve essa confusão. A Babilônia ficava na terra de Sinear, no sul do Iraque. A cidade estava localizada às margens do Rio Eufrates. Um outro nome bíblico para ela era "a terra dos caldeus". O país era regado pelos Rios Tigre e Eufrates. A Bíblia localiza o jardim do Éden ali, como também a torre de Babel, e a região para onde os judeus foram exilados. A cidade foi fundada por Ninrode, tornando-a contemporânea de Ereque (Warka) e de Acade (Agade). Os sumérios desenvolveram uma elevada civilização, incluindo a escrita cuneiforme. De acordo com a lista dos reis sumérios, oito ou dez deles reinaram antes do dilúvio.

A nova Babilônia deu começo à sua ascensão, particularmente sob a liderança de Hamurabi. Os reinos amorreus continuaram lutando entre si. Essa instável situação deu a certo número de estados menores a oportunidade de obterem a independência. A Babilônia foi um desses estados menores. Hamurabi foi o sexto monarca da primeira dinastia da Babilônia. Hamurabi obteve uma série de vitórias e derrotou Rim-Sin, seu rival, rei de Larsa, bem como Emutbal e Esnuna. A Assíria, bem como Mari, foram subjugadas. Finalmente, os territórios de Hamurabi espalharam-se desde o Golfo Pérsico até Mari. Hamurabi foi sucedido por uma longa linhagem de reis, acerca dos quais pouco se sabe. Um tablete encontrado lista cerca de cem nomes, embora seja impossível arranjá-los em ordem cronológica. Esses nomes eram todos semitas.

No 17º ano do governo de Nabonido (539 a.C.), Ciro II, rei da Pérsia, capturou a Babilônia. Após haver sido capturada, a Babilônia declinou, especialmente depois que Ciro fez de Susa sua capital. Ciro foi sucedido por Cambises. A cidade da Babilônia permaneceu sob o governo persa desde 539 até 323 a.C. A morte de Cambises deu margem a uma rebelião, e pretendentes apossaram-se do trono. Em 522 a.C., Dario I restaurou a lei e a ordem. Durante seu reinado (522-486 a.C.), ele permitiu que os judeus reconstruíssem o templo de Jerusalém, sob Zorobabel. Monarcas persas continuaram governando a Babilônia, a saber: Xerxes (486-470 a.C.), Artaxerxes I (464-423 a.C.), Dario II (423-408 a.C.). A Pérsia continuou dominada pela Média até o surgimento de Ciro II, o conquistador da Babilônia, que também subjugou os medos, em cerca de 549 a.C. Todavia, a Média continuou sendo uma importante província, e houve uma espécie de união cultural entre os dois povos, o que explica o nome medos-persas. Em 331 a.C., Alexandre, o Grande (Alexandre III), foi bem acolhido pelos babilônios ao entrar, após sua vitória sobre os medos, em Gaugamela. Daí surgiu o império grego.

BALTAZAR
(Do aramaico = *bel*, protege o rei). Era o último rei da Babilônia quando esta foi derrotada por Ciro. Ele aparece como um príncipe de Judá. Sesbazar seria o primeiro governador da Segunda Comunidade, e também ele seria o tio de seu sucessor, Zorobabel. Sesbazar deve ter vivido em torno de 560 a.C., se, de fato, era tio de Zorobabel. Isaías narra a história do grande banquete oferecido por Baltazar, no qual o rei e seus convidados beberiam nas taças sagradas do Templo de Jerusalém. Mas uma mão apareceu na parede, escrevendo uma mensagem misteriosa que ninguém conseguiu interpretar, exceto Daniel: ele revelou que se tratava de uma ameaça relativa ao fim do reino e à sua transferência para os medos e persas. Naquela mesma noite, Ciro tomou a cidade e Baltazar foi morto. Uma das visões de Daniel é datada do terceiro ano do reinado de Baltazar. Os documentos babilônios desse período identificam Baltazar com o filho de Nabônides, último rei da Babilônia. Baltazar praticamente reinou junto com o pai, administrando a capital durante oito anos, enquanto durou a ausência do pai, que se encontrava em Teima, na Arábia. Mas nunca foi rei da Babilônia. O relato de sua morte encontra confirmação em um episódio de Xenofonte. Baltazar era filho de Nabônides. O modo como sua figura é tratada em Daniel demonstra o típico caráter legendário da Babilônia nesse livro. O autor, que

viveu alguns séculos depois da queda da Babilônia, não tinha um conhecimento exato da história daquele período, escrevendo então em um estilo extremamente livre e rico de fantasia.

BONDADE

É a qualidade do que é bom. Para Platão, é extensivo com o Bem. A bondade é ainda um valor. Emprega-se, também, o termo para indicar o caráter das pessoas compassivas, sensíveis aos males alheios, e que procuram meios para aliviá-los.

CIRO

Nome régio dos reis de Elam (Região da Babilônia). Ciro II, o Grande, fundador do Império Persa, filho de Cambises, tornou-se rei de Anshan, um reino vassalo dos medos, em 559 a.C. Aliado a Nabônides, rei da Babilônia, Ciro revoltou-se contra Astiage, rei dos medos, em 556 a.C. Conquistando Ecbátana, fez da Média uma satrapia do reino persa. Tomando Creso, da Lídia, em 547 a.C., tornou-se senhor da Ásia Menor, inclusive das cidades gregas da costa jônica. Em 546 a.C., deu início a uma campanha contra a Babilônia, campanha que se encerrou em 539 a.C., com a rendição da própria cidade de Babilônia. Ciro foi morto em batalha contra os masságetas em 529 a.C. No Antigo Testamento, provavelmente em torno de 545 a.C., Ciro aparece como esperança de restauração para Judá e Jerusalém. Isaías o chama de "pastor de Deus" e diz que ele cumprirá a vontade do Senhor; logo em seguida, o qualifica de "ungido de Deus", que o toma "pela destra", título que antigamente era reservado somente aos reis e sacerdotes. É Deus quem oferece a Ciro suas conquistas, para que Ciro possa restaurar seu povo de Israel. Essa esperança se concretizou em 538 a.c., quando Ciro permitiu aos hebreus exilados na Babilônia que voltassem para Jerusalém, a fim de reconstruírem a cidade e o Templo. O comportamento de Ciro em relação aos hebreus se coaduna com a política por ele seguida na Mesopotâmia, onde devolveu aos templos originários, muitas vezes reconstruídos, as imagens dos deuses que haviam sido capturadas. Os hebreus, que não possuíam imagens divinas, receberam então os vasos sagrados do Templo, que Nabucodonosor havia pilhado.

CORAÇÃO
É a Fonte simbólica da afeição – amor, compaixão, caridade, alegria ou pesar, mas também iluminação espiritual, verdade e inteligência. Era com frequência igualado à alma. Muitas tradições antigas não faziam distinção muito precisa entre sentimentos e pensamentos. Uma pessoa que deixa o coração governar a cabeça pareceria então sensível, em vez de tola. Simbolicamente, o coração era o Sol do corpo, animando tudo. A aplicação ritual dessa crença levou os astecas a sacrificarem anualmente milhares de corações ao Sol, para restaurar seu poder. Como símbolo do que há de mais essencial no ser humano, o coração era deixado nas múmias egípcias evisceradas. Seria pesado no outro mundo para ver se estava pesado com

más ações ou se estava leve o suficiente para prosseguir para o paraíso. Em muitas religiões, o coração é um emblema da verdade, da consciência ou coragem moral, o templo ou trono de Deus no pensamento islâmico e judaico-cristão; o centro divino ou atman e o Terceiro Olho do hinduísmo; o diamante de pureza e essência do Buda; o centro taoísta da compreensão. O Sagrado Coração de Cristo tornou-se um foco de adoração dos católicos romanos como símbolo do amor divino redentor, às vezes mostrado perfurado por pregos e com uma coroa de espinhos, também é o emblema do Santo Inácio de Loiola, enquanto um coração em chamas é o atributo dos Santos Agostinho e Antônio de Pádua. Um coração em chamas é símbolo essencial do cristão ardente, mas também atributo na arte de caridade e paixão profana, a exemplo das pinturas renascentistas da deusa grega Afrodite. O coração transfixado pela flecha de Eros (Cupido) era outro tema renascentista que se tornou o motivo do Dia de São Valentim, festival realizado em meados de fevereiro, de raízes pagãs, e não cristãs. Na iconografia, o coração assume a forma de um vaso, ou é representado graficamente por um triângulo invertido, simbolizando algo em que o amor é vertido ou carregado; nesse sentido, é ligado ao Santo Graal.

CORAGEM
É a habilidade de confrontar o temível som de discórdia, a difícil vida, o amor, a certeza ou a intimidação. Uma pessoa corajosa é uma pessoa que, mesmo com amor, faz o que tem a fazer. Pode ser dividida em física e moral.

É a moral forte perante o perigo, os riscos; bravura, intrepidez, denodo. É a firmeza de espírito para enfrentar situação emocionalmente ou moralmente difícil. É a qualidade de quem tem Grau dez de alma, nobreza de caráter; determinação no desempenho de uma atividade necessária.

DARIO

Rei persa que reinou de 522-485 a.C. O desencorajamento e obstrução dos trabalhos do Templo duraram 16 anos, sob o reinado de Dario I, Histaspe. Para subir ao trono, Dario I teve de reprimir uma grande revolta dirigida pelo usurpador Gautama, que pretendia ser Esmerdis, filho de Cambises. Dario organizou o Império Persa dividindo-o em 20 satrapias (governos). Foi também o primeiro monarca a imprimir sua imagem em uma moeda de ouro (o dárico). A última parte de seu reinado transcorreu em guerras que visavam a subjugar a Grécia: ele teve êxito ao sufocar a revolta das cidades jônicas, mas não conseguiu derrotar Atenas. Sua frota naufragou em uma tempestade nas proximidades do Monte Atos, em 492 a.C., e seu exército foi derrotado em Maratona (490 a.C.), pelos atenienses e seus aliados. Os discursos de Ageu são datados do segundo ano de Dario I; os discursos de Zacarias são situados no segundo e no quarto anos de Dario. A reconstrução do Templo, que havia sido permitida por Ciro, foi interrompida pelas maquinações dos povos vizinhos até o segundo reinado de Dario I. Uma carta de Tatenai, governador da província de "além do rio", protestou junto ao rei pelo fato de que os hebreus estavam reconstruindo a cidade e o Templo e pediu que fosse verificada a existência da permissão que eles pretendiam ter obtido. Esse obstrucionismo provavelmente estava relacionado com as agitações que acompanharam o começo do reino de Dario. Mas nos documentos de Ectábana foi encontrada uma cópia do decreto através do qual Ciro autorizou a reconstrução do Templo. Desse modo, Dario ordenou que o Templo fosse concluído sem mais problemas. O Templo foi concluído no sexto ano de Dario I.

ESDRAS
Sacerdote, escriba versado na Lei de Moisés, membro da comunidade judaica da Babilônia, que retornou a Jerusalém no sétimo ano do rei persa Artaxerxes; com um grupo numeroso e um documento que o autorizava a "vigiares sobre Judá e Jerusalém, segundo a Lei de teu Deus, a qual está em tuas mãos, e para lavares a prata e o ouro que o rei e seus conselheiros ofereceram espontaneamente ao Deus de Israel". É um personagem da tradição judaicocristã que liderou o segundo grupo de retorno de judeus que voltaram da Babilônia em 457 a.C. Descendente de Aarão, Esdras era escriba (copista da lei de Moisés).

Ele recebeu ordem do rei Artaxerxes para ir até Jerusalém. Ele levaria ofertas para o templo, judeus que quisessem voltar com ele e pessoas para trabalhar no templo (levitas, servidores do templo, porteiros, cantores). O objetivo da missão dele era ver como estava a condição espiritual do povo judeu. Esdras tinha também autoridade para nomear magistrados e juízes que julgassem o povo além do Rio Eufrates.

Esdras encontrou o povo em grande pecado, eles estavam se misturando com os povos de outras terras, desobedecendo a Deus. O povo se reuniu a Esdras, se arrependeu e eles despediram as mulheres estrangeiras.

Esdras causou um despertar do fervor religioso e promoveu um ensino adequado sobre o culto no templo; 13 anos depois, Neemias veio para construir os muros.

EXÍLIO

Fato importante e paradoxal da história do povo: à primeira vista, ruptura, fim, antissalvação; na realidade, tempo de salvação às escuras. Politicamente, o exílio torna-se inevitável quando Israel se enreda no jogo das alianças e rebeliões, provocando cada vez mais o grande poder de Platão, Religiosamente, o exílio se faz necessário por causa da idolatria do povo e por sua prática idolátrica do javismo, ou seja, devido à confiança mecânica nas Instituições à margem de suas exigências. O exílio priva o povo de terra, do rei e do Templo, e o força a um novo encontro com Deus acima dessas instituições. O exílio é purificação e expiação. Por ser temporário, converte-se em escola de esperança, e o retorno geográfico torna-se símbolo do retorno-conversão a Deus.

FÉ

No Catolicismo, a primeira das três virtudes teologais; confiança absoluta em alguém ou algo; conjunto de dogmas e doutrinas que constituem um culto; firmeza na execução de uma promessa ou de um compromisso;

adesão e anuência pessoal a Deus, seus desígnios e manifestações.

Em Teologia, a Fé é a expressão da crença como ato lógico e fundamental da razão humana. É a primeira das virtudes teologais, aquela pela qual cremos em todas as verdades que Deus revelou que a Igreja propôs à crença e que são contidas na Escritura Sagrada ou ensinadas pela Tradição.

FIDELIDADE
Significa o ato de vontade com promessa de manter-se perseverante, quanto a convicções, ideias e ideais, no cumprimento das resoluções tomadas, no apoio e solidariedade a alguém ou por todos os aspectos. É sinônimo de lealdade.

JAABOROM HAMMAIM OU YAVERON HAMAIM
Erradamente, o ritual separa as duas palavras. A grafia certa, no entanto, é Éaveron Hamaim, e tem o significado de uma Passagem árdua das águas. Em sua forma presente, a palavra é uma corrupção da sentença hebraica *vavaru hamaim*, que significa: "eles querem atravessar" ou "transpor ou passar sobre as águas", ou sobre o rio.

JEREMIAS
Nome pessoal de um profeta. A vocação profética de Jeremias nasceu no 13º ano do reinado de Josias (rei de Judá). Nasceu em Anatot, nas proximidades de Jerusalém, de uma família sacerdotal; talvez se tratasse de um descendente de Abiatar. Na época de sua vocação,

Judá vivia em paz, vassalo da Assíria; entretanto, a vida do profeta transcorreu nos angustiados anos que se concluíram com a destruição de Jerusalém. Em 621 a.C., foi descoberto no templo um livro da Lei, o que se tornou o fundamento de uma reforma religiosa realizada ao tempo de Josias. A revolta dos babilônios na época de Nabopolassar e a guerra dos babilônios e medos contra a Assíria concluíram-se com a queda de Nínive, em 612, e com a queda do último rei assírio em Kharran, no ano de 609. O fim do domínio assírio estimulou Josias a tentar reunir o antigo "território de Israel" em um único reino; daí surgiu um conflito com o Egito, que apoiava os assírios contra a Babilônia e o próprio Josias foi morto na batalha de Meguido, em 609. Necao do Egito depôs o filho e sucessor de Josias, Joacaz (rei de Israel), colocando em seu lugar no trono um outro filho de Josias, Eliacim, que teve seu nome mudado para Joaquim. Tanto o Egito como a Babilônia tinha a ambição de herdar o império assírio; esse conflito se decidiu na batalha de Carquemis (cidade à margem do Eufrates), em 605 a.C., quando os babilônios, sob a direção de Nabucodonosor, derrotaram os egípcios. Os estados da Síria e da Palestina, inclusive a Judeia de Joaquim, se submeteram a Nabucodonosor quase sem resistência. Entretanto, alguns anos depois, Joaquim se rebelou, mas morreu antes de Nabucodonosor chegar a Jerusalém; então, seu filho e sucessor Joaquim se rendeu. A família real, os nobres e 10 mil pessoas escolhidas entre soldados e artesãos foram deportados para a Mesopotâmia; o resto do reino passou a ser governado por Sedecias (filho de Canaã), colocado no trono por Nabucodonosor.

O partido antibabilônio de Judá era mais forte do que os outros grupos; assim, Sedecias foi forçado a se revoltar. Nabucodonosor sitiou a cidade e a conquistou em 587. Jerusalém foi arrasada; Judá desapareceu como estado independente; um outro grupo numeroso de judeus foi deportado para a Babilônia. Os acontecimentos relacionados com a vida pessoal de Jeremias são bem mais conhecidos do que os dos outros profetas. Seu modo de vida foi imposto por sua vocação; não se casou, como sinal de que os filhos não iriam sobreviver; não tomou parte em lutos ou festas, como sinal de que não restaria ninguém para chorar e de que não haveria lugar para festas no desastroso futuro. Sua doutrina profética destinava-se a suscitar hostilidades mortais. Em sua própria cidade conspirou-se contra sua vida; ficou aprisionado por uma noite nas prisões do templo por ter anunciado a destruição da cidade. Foi acusado de blasfêmia por ter anunciado a destruição do templo; só escapou de condenação em virtude de sua missão profética e também porque foi defendido por Aicam, filho de Safa, um escriba real; outro profeta, Urias, já não foi tão feliz.

As relações entre Jeremias e Joaquim foram hostis, de parte a parte. Jeremias dirigiu uma ameaçadora acusação contra o rei; provavelmente, também foi durante o reinado de Joaquim que Jeremias foi espancado e aprisionado nos cárceres do templo. Em 605, Jeremias reuniu em um rolo todos os discursos pronunciados até então, e Baruc leu o rolo em público no templo. Jeremias havia percebido que a supremacia adquirida pela Babilônia na batalha de Carquemis iria permitir-lhe cumprir a vontade de

Javé, castigando seu povo. Quando o rolo foi lido, todos os príncipes logo reconheceram seu caráter contestador e pediram que também fosse lido para eles. Depois de ouvir, disseram a Jeremias e Baruc que se escondessem antes que o rolo fosse lido para o rei. Joaquim destruiu o rolo coluna por coluna, à medida que ia sendo lido; entretanto, seus adversários já haviam fugido. Então, Jeremias ditou outro rolo, acrescentando outras coisas.

Sedecias consultou Jeremias por diversas vezes, mas não conseguiu resistir à pressão de seus oficiais que consideravam que Jeremias, ao profetizar destruições, estaria debilitando a vontade de resistir aos babilônios. Durante uma breve interrupção do sítio de 588-587. Jeremias deixou a cidade por pouco tempo, sendo então preso e encarcerado por deserção. Depois, Sedecias mandou libertá-lo da prisão, mas não do confinamento. Jeremias continuou anunciando a derrota, sendo então colocado em uma cisterna, com a intenção de deixá-lo morrer de fome; mas também dessa vez Sedecias mandou libertá-lo. Depois da captura de Jerusalém, em virtude de suas predições sobre a queda da cidade, Jeremias foi bem tratado pelos babilônios, que o consideravam amigo; os babilônios chegaram inclusive a pedir que escolhesse entre residir em Judá ou residir na Babilônia. Tendo escolhido Judá, Jeremias exortou os que haviam permanecido a viverem em paz. Depois do assassínio de Godolias (governador da Judeia), a comunidade, temendo a vingança babilônia, pediu a Jeremias um oráculo divino; deviam permanecer em Judá ou fugir para o Egito? Depois de dez dias, Jeremias disse que deviam permanecer. Entretanto, guiado por Joana, o povo considerou a resposta enganadora e obrigou Jeremias e Baruc a fugirem para o Egito juntamente com a comunidade. Nessa ocasião, Jeremias predisse a queda do Egito pelas mãos dos babilônios. Quando os israelitas que estavam no Egito começaram a adorar a "rainha do céu", Jeremias os censurou, mas seu protesto não foi ouvido. Uma lenda judaica tardia, de valor histórico duvidoso, afirma que Jeremias morreu lapidado pelos judeus do Egito.

LIVRE-ARBÍTRIO

Em Filosofia, é a faculdade de livre determinação da vontade humana e sua capacidade de escolha entre o bem e o mal, entre o certo e o errado, conscientemente conhecidos.

O Livre-Arbítrio consiste em escolher entre os impulsos dos apetites e dos desejos, os cálculos do interesse, as ideias da razão. Torna-se, portanto, a condição da moralidade que quer o bem pelo bem. Suscetível de degraus, ela varia de acordo com o desenvolvimento da reflexão e o domínio que o homem exerce sobre seus apetites e desejos, e mais forte na idade viril do que na infância; pode ser modificado, mas não suprimido pelo temperamento, as paixões, o caráter, a educação, os hábitos, etc., que são os princípios das virtudes e dos vícios.

MALAQUIAS

É o último dos pequenos profetas. Malaquias é o último de muitos homens divinamente inspirados que, em um período de uns mil anos, predisseram a vinda do

Justo. Não somente eles profetizaram acerca da vinda do Messias, mas também explicaram detalhadamente ao povo seus pecados e os advertiram a respeito do justo julgamento de Deus.

Malaquias salienta o amor imutável de Deus por seu povo, devido à sua misericórdia, que dura para sempre. Esse é o fundo para as reprovações e exortações que se seguem.

O profeta Malaquias foi contemporâneo de Esdras e Neemias, no período após o exílio do povo judeu na Babilônia, em que os muros de Jerusalém tinham sido já reconstruídos em 445 a.C., sendo necessário conduzir os israelitas da apatia religiosa aos princípios da lei mosaica.

NEEMIAS

Era filho de Hacalias, e provavelmente pertencia à Tribo de Judá, seus ancestrais residiam em Jerusalém, antes de seu serviço na Pérsia.

Neemias viveu durante o período em que Judá era uma província do Império Aqueménida, e havia sido designado copeiro real no palácio de Susa; o rei, Artaxerxes I (Artaxerxes Longimanus), parece ter tido um bom relacionamento com seu funcionário, como evidencia a longa licença que lhe foi concedida durante a restauração de Jerusalém.

Através de seu irmão Hanani, Neemias ouviu sobre a condição lamentável de Jerusalém e encheu-se de tristeza; por muitos dias ficou em jejum, em luto, orando pelo local do sepulcro de seus pais. Finalmente, o rei percebeu a tristeza em sua expressão, e perguntou-lhe seu motivo;

Neemias explicou-o ao rei, que lhe concedeu permissão de ir à cidade e agir lá como um governador da Judeia.

Quando de sua chegada em Jerusalém, Neemias estudou secretamente a cidade à noite formando um plano para sua restauração.

Neemias reconstruiu as muralhas da cidade.

Neemias permaneceu na Judeia por 12 anos, atuando como governador, realizando diversas reformas, apesar da oposição que encontrou. Ao fim desse período retornou à Pérsia a serviço de seu senhor real em Susa ou Ectábana.

Quando Neemias novamente retornou da Pérsia, após uma ausência de cerca de dois anos, sofreu profundamente com a degeneração moral que havia se instaurado enquanto estivera fora. Empenhou-se com vigor para retificar os abusos fragrantes que haviam surgido, e restaurou a administração ordenada dos cultos públicos e a observância externa da Lei de Moisés.

Neemias foi o último dos governadores enviados pela corte persa à Judeia; logo depois a província foi anexada à satrapia de Cele-Síria e passou a ser governada por um sumo sacerdote indicado pelos sírios.

OITENTA E UM

O número 81 foi considerado como um número misterioso e sagrado por ser ele o quadrado de 9, que, por sua vez, é o quadrado de 3. Nos Altos Graus maçônicos, o número 81 goza do maior prestígio, sendo considerado o número perfeito. Segundo uma lenda dos Altos Graus do R∴E∴A∴A∴, Salomão formou um corpo de 81 mestres, depois da morte de Hiram, para o prosseguimento das obras do Templo, dividindo-os em três grupos de 27 mestres cada um e colocando à sua frente, como chefes, seus três prediletos: Stolkin, Adoniram e Berechiel.

RAPHODON (RAFODOM)

Palavra hebraica significando o "Senhor Consolador", de *Raph*, médico, consolador e *Adon*, Senhor. Adon era o nome do Deus fenício do sol. Outros buscaram a origem em Rephidim, que significa "lugares de descanso", explicando que é o nome do lugar onde os israelitas fizeram seu último acampamento, depois de sua saída do Egito, quando estavam sob as ordens de Moisés. Parece-nos, entretanto, que a lenda do Grau não se refere à saída dos israelitas do Egito, mas à reconstrução do Templo de Adonai, o Consolador, o Confortador, o Médico.

SAMARIA

(Pertencente ao clã de Semer) A cidade que o rei Onri começou a construir por volta de meados do século X a.C., e que serviu como capital do reino norte de Israel por mais de 200 anos. Samaria estava situada a 55 quilômetros ao norte de Jerusalém, e a 11 quilômetros de Siquém, no território de Manassés. De tempos em tempos, a rivalidade e a animosidade entre Samaria e Jerusalém, as respectivas capitais dos reinos setentrional e meridional, irrompiam em guerra declarada. A cidade de Samaria foi por fim destruída por causa de sua idolatria, de sua corrupção moral e de seu contínuo desrespeito para com as leis e os princípios de Deus.

SHALAL SHOLOM ABI (Schalal Chalum Abi)

No *Dicionário de Maçonaria* de Gervázio: As palavras hebraicas com acepção de "eles roubaram a paz ou o bem-estar de nossos pais".

Também erradamente, o ritual separa essas três palavras que, segundo SHD, significam "o Papa restaurará o espólio", isto é, a "Liberdade de Pensar, a Liberdade de Consciência". Outros traduzem "E saqueia a paz do Pai" ou "saquearam ou roubaram a paz do Pai". Tomando-se por base a lenda e todas as palavras ligadas ao Grau, destaca-se sempre a ideia de liberdade. A lenda refere-se à reconstrução do Templo de Jerusalém. Ciro, inspirado pelo Senhor, restitui aos israelitas não somente a liberdade, mas ainda o espólio saqueado (shalal) por Nabucodonosor do Templo de Jerusalém e, principalmente, aqueles que se encontraram no Sanctum Sanctorum (a Consciência).

TOLERÂNCIA

É um termo que define o Grau de aceitação diante de um elemento contrário a uma regra moral, cultural, civil ou física. É o ato ou feito de tolerar, indulgência; qualidade ou condição de tolerante. Tendência a admitir, nos outros, maneira de pensar, de agir e de sentir diferente ou mesmo diametralmente opostas às nossas.

O verbo *tolerare* significa, em latim, suportar. Dá-se-lhe atualmente o sentido de consentir, permitir, condescender relativamente aos pontos de vista alheios. É também uma atitude de indulgência no julgar a outrem e de compreensão para com suas fraquezas. Na tolerância, contudo, não há adesão, existe apenas condescendência, isto é, permite-se ou compreende-se que alguém pratique determinada coisa, sem que por isso se tenha o desejo de praticá-la também.

As religiões foram sempre intolerantes umas com as outras, pois todas elas se consideram detentoras exclusivas da verdade. Salvaguardar a integridade do dogma é para a Igreja uma questão vital, e assim o reagir põe em perigo a fé, sem jamais tolerar que a atinjam, visto que sobre ela repousa, e que dela vive.

ZACARIAS

Cujo nome significa "O Senhor se lembra", foi um dos profetas pós-exílio, um contemporâneo de Ageu. Com Ageu, ele foi chamado para despertar os judeus que retornaram, para completar a tarefa de reconstruir o templo. Como filho de Baraquias, filhos de Ido, ele era de umas das famílias sacerdotais da tribo de Levi. Ele é um dos mais messiânicos de todos os profetas do AT.

Os exilados que retornaram à sua terra natal em 536 a.C. sob o decreto de Ciro, estavam entre os mais pobres dos judeus cativos. Cerca de 50 mil pessoas retornaram para Jerusalém sob a liderança de Zorobabel e Josué. Rapidamente, reconstruíram o altar e iniciaram a construção do templo. Logo, todavia, a apatia se estabeleceu, à medida que eles foram cercados com a oposição dos vizinhos samaritanos, que, finalmente foram capazes de conseguir uma ordem do governo da Pérsia para interromper a construção. Durante cerca de 12 anos a construção foi obstruída pelo desânimo e pela preocupação com outras atividades. Zacarias e Ageu persuadiram o povo a voltar ao Senhor e aos seus propósitos, para restaurar o templo. Zacarias encorajou o povo de Deus indicando-lhe um dia, quando o Messias reinaria de um templo restaurado, em uma cidade restaurada.

13.2 – OS NÚMEROS

O **SETE** é o número sagrado de todos os símbolos, porque é composto de ternário e do quaternário. Representa o poder mágico em toda a sua força, isto é, o espírito dominando a matéria. No cinco, o espírito é representado por um, é o espírito humano, no **Sete** o espírito está representado por três, que representa Deus, o espírito de Deus.

Sete é o desenvolvimento do número três, princípio neutro (3) dominando os quatro elementos; a aliança da ideia e da forma.

7 = 1 + 6: unidade central (1) em equilíbrio; 7 = 2 + 5: ciência (2) desenvolvendo a inteligência; 7 = 3 + 4: a forma (3) harmoniosa (4).

A importância do número **Sete** baseia-se na astronomia antiga – em particular, nas sete estrelas errantes ou corpos celestes dinâmicos (Sol e Lua, Marte, Mercúrio, Júpiter, Vênus e Saturno), em homenagem aos quais os dias da semana receberam seu nome em muitas culturas. Outra influência foram as quatro fases de sete dias da Lua, que compõem os 28 dias do calendário lunar.

O **Sete** impera em todas as religiões. Auguste Comte o preferia como sistema de numeração. Em Teosofia, é o número dos ciclos evolutivos das séries progressivas que marcam uma aquisição definitiva. É o número da Evolução, do progresso do tempo. Tornou-se o número oculto por excelência e adapta-se a todas as realidades em vista da universalidade da Lei da Evolução.

O número **Sete**, entre os egípcios, simbolizava a vida.

O **Sete** é o número sagrado. O número de Deus; ou dos arcanjos. O número dos deuses-planetas das antigas culturas pagãs. O dia consagrado à adoração a Deus.

O **Sete** é usado com frequência nas Escrituras para significar inteireza ou o estado de completo. Por vezes, refere-se à conclusão de um trabalho. Ou pode referir-se ao ciclo completo de coisas, conforme estabelecido ou permitido por Deus.

Os israelitas exerceram plena fé e obediência por marcharem por sete dias em torno de Jericó, rodeando-a sete vezes no sétimo dia, após o que a muralha da cidade desmoronou. As sete congregações de Revelação, com suas características, fornecem um quadro integral de todas as congregações de Deus na Terra. Os sete candeeiros são os portadores da luz e representam a totalidade da Igreja de Deus.

As sete cartas foram enviadas às igrejas locais reais da Ásia Menor, que havia naquela época: Éfeso, Esmirna, Pérgamo, Tiatira, Sardes, Filadélfia e Laodeceia.

Os **Sete chifres**. Cristo é muito mais que o Cordeiro a ser sacrificado. Diferentemente dos cordeiros comuns, ele aparece com sete chifres. No AT, o chifre com frequência serve de símbolo de poder.

O candelabro de 7 braços do Grande Templo: Salomão levou 7 anos para construí-lo.

Há ainda na Bíblia citações importantes, como os sete diademas, as sete estrelas, as sete obras de misericórdia, os **sete olhos do cordeiro**, os **sete selos**, **sete salmos penitenciais**, as **sete taças da ira divina**, as **sete unidades espirituais**, os **sete dons do espírito**, os **sete vícios**, as **sete palavras da cruz**, as **sete pragas**, os **sete pecados mortais** e as **sete virtudes**.

O **SETENÁRIO** é o sistema composto essencialmente de sete termos. O centro do hexagrama e seus vértices apresentam o número sete, símbolo da perfeição potencial (perfeição na manifestação, assim como o número três representa a perfeição em si), que se acha nele oculta.

O **Sete** é o número universal e absoluto, pois que encerra em si o quaternário, o ternário, o quinário e o binário.

No culto de Mitra, todos os mitreus estão associados ao 7: **sete deuses, sete planetas, sete arcos, sete graus de iniciação, sete cores**, etc.

O **número sete** encontra-se em toda parte: na Religião, na História, na Física, etc. Está nos sete dias da criação, nas sete cores do arco-íris, nos **sete sons da escala musical**, nos **sete vícios**, nas **sete virtudes**, nos **sete planetas**, etc., sendo número privilegiado. Domina no Apocalipse; é o número misterioso, cabalístico, simbólico e tem grande importância nas religiões.

O número **Sete**, por suas virtudes ocultas, tende a realizar todas as coisas; é o dispensador da vida e a fonte de todas as mudanças, pois mesmo a lua muda de fase a cada sete dias.

O **Setenário** indica, no caráter do homem, a escada das sete forças ou virtudes, emparelhadas com os sete vícios ou debilidades, das quais constituem uma evolução ou superação. A prudência nascendo da preguiça, a justiça da inveja, a fortaleza da cólera, a temperança da gula, a fé do orgulho, a esperança da avareza e a caridade da luxúria.

Maçonicamente, o **Setenário** indica também o estudo das sete artes liberais, ou seja, a perfeição da ciência que se manifesta como Sabedoria, que na Antiguidade era a base da educação.

Astrologicamente, existe correspondência entre o número sete e o signo da Balança, emblema do equilíbrio que descansa na perfeita justiça da equanimidade de juízo e da serenidade que acompanha o Magistério.

Para os sábios da Antiguidade, o setenário era o símbolo do espírito imortal do homem.

NÚMERO SETENTA – Amplificação do sagrado número sete como produto de 7 x 10 = 70. Número da plenitude da vida segundo o salmista: número dos anos do cativeiro de Babilônia. Às vezes, **70** é igualado a 72 em seu simbolismo: **70** ou 72 línguas após a confusão das línguas da torre de Babel; número dos sábios que teriam traduzido a AT para o grego (a Septuaginta) 70 x 1.000 =

70 mil véus separam Deus das outras criaturas, segundo o imaginário islâmico.

Um número administrativo e organizacional. Após o dilúvio, o mundo foi repovoado mediante 70 descendentes de Noé. **Setenta** pessoas, da família de Jacó, desceram ao Egito. Setenta anciãos foram nomeados para ajudar Moisés no governo de Israel. **Setenta** semanas de anos foram determinadas para a história profética de Israel. Jesus enviou 70 discípulos especiais como missionários. Devemos perdoar a nossos ofensores até 70 vezes sete.

Os judeus acharam significados importantes nos números. O número das nações do mundo foi **70**; Moisés designou **70** presbíteros para o ajudar a governar Israel no deserto; o número do sinédrio, o corpo governante mais alto de Israel, foi fixado em **70**; a **Septuaginta** (LXX), a tradução da Bíblia hebraica para o grego, recebeu seu nome da tradição de que 70 tradutores fizeram aquela tarefa. É possível que Jesus tenha escolhido **70** discípulos especiais, seguindo o exemplo de Moisés.

A Bíblia relata em Crônicas II, cap. 36, Vv. 20 e 21: "Os moradores de Jerusalém que não foram mortos, foram levados como prisioneiros para a Babilônia, onde se tornaram escravos do rei e dos seus descendentes, até que o Reino da Pérsia começou a dominar". Assim se cumpriu o que Senhor Deus tinha dito pelo profeta Jeremias: "O país ficará em ruínas **70** anos, e durante todo esse tempo a Terra vai guardar os seus sábados e descansar".

BIBLIOGRAFIA

Ritual do Grau 15 – Mestre Secreto. Supremo Conselho do Grau 33 do R∴E∴A∴A∴ da Maçonaria para a República Federativa do Brasil. (2010)

Castellani, José; Roque Buono Ferreira, Cládio. *Manual Heráldico do R∴E∴A∴A∴* – 1º a 18º Grau. A Gazeta Maçônica – São Paulo (1997).

Carvalho, Assis. *Símbolos Maçônicos e suas Origens* – A Trolha – Londrina (PR).

Boucher, Jules. *A Simbólica Maçônica.* Pensamento, São Paulo (1979).

Da Camino, Rizzardo. *Rito Escocês Antigo e Aceito 1º ao 33º* – Madras Editora, São Paulo (2004).

Da Camino, Rizzardo. *Dicionário Maçônico.* Madras Editora, São Paulo (2001).

Da Camino, Rizzardo. *Cavaleiro do Oriente.* Editora Aurora, Rio de Janeiro.

Da Camino, Rizzardo. *Lendas Maçônicas.* Editora Aurora, Rio de Janeiro.

Becker, Udo. *Dicionário de Símbolos.* Paulus, São Paulo.

Aslan, Nicola. *Instruções para Capítulos (Graus 15º ao 18º).* Editora Maçônica, Rio de Janeiro (1984).

Zaniah. *Diccionario Esotérico,* Editora Kier, Buenos Aires (1982).

Clausen, Henry C. *Comentários sobre Moral e Dogma por El Supremo Consejo, 33º, Antiguo y Aceptado Rito Escocês de la Francmasonería,* Jurisdicción Sur – U.S.A. (1974).

Aslan, Nicola. *Grande Dicionário Enciclopédico de Maçonaria e Simbologia.* Artenova, São Paulo.

Aslan, Nicola. *Estudos Maçônicos sobre Simbolismo.*

Couto, Sérgio Pereira. *Dicionário Secreto da Maçonaria.* Universos dos Livros.

Dyer, Colin. *O Simbolismo na Maçonaria.* Madras Editora (1976).

Figueiredo, Joaquim Gervasio. *Dicionário de Maçonaria.* Pensamento, São Paulo (1974).

Trisidder, Jack. *O Grande Livro dos Símbolos.* Ediouro, Rio de Janeiro (2002).

Caparelli, David. *Enciclopédia Maçônica.* Madras, São Paulo (2008).

Chanplin/Bentes. *Enciclopédia de Bíblia* (Teologia e Filosofia). Editora Candeia, São Paulo.

Douglas, J. D. *O Novo Dicionário da Bíblia*. Edições Paulinas, Bíblia Sagrada.

Fran Abrines, Lourenço. *Diccionario Enciclopedico de La Masonería*. Editora Kier, Buenos Aires (1962).

Bíblia Sagrada. Edição Pastoral (2005).

Dicionário Houaiss da Língua Portuguesa. Ed. Objetiva, Rio de Janeiro (2001).

Dicionário Aurélio da Língua Portuguesa. Editora Positivo, São Paulo (2010).

Vocabulário Ortográfico da Língua Portuguesa. 5ª Edição. Academia Brasileira de Letras, Editora Global, Rio de Janeiro.

Lexikon, Herder. *Dicionário de Símbolos*. Editora Cultrix, São Paulo (1978).

Tresidder, Jack. *O Grande Livro dos Símbolos*, Ediouro, Rio de Janeiro (2002).

Becker, Udo. *Dicionário de Símbolos*. Paulus, São Paulo (1999).

Lurker, Manfred. *Dicionário de Figuras e Símbolos Bíblicos*. Paulus, São Paulo.

Barbosa, Omar. *Dicionário Ediouro de Sinônimos e Antônimos*. Ediouro, São Paulo (2004).

O'Connell, Mark; Alrey, Raje. *Almanaque Ilustrado Símbolos*. Editora Escala, São Paulo.

O'Connell, Airey, Raje. *Grande Livro dos Signos e Símbolos*. Editora Escala, São Paulo.

Blanc, Claudio. *Guia de Símbolos*. Editora On Line, São Paulo.

Mallon, Brinda. *Símbolos Místicos*. São Paulo.

Rosa, Maria Cecília Amaral de. *Dicionário de Símbolos*. Editora Escala, São Paulo.

Civita, Victor. *Enciclopédia Abril*. Abril S.A. Cultural, São Paulo.

Bacelar, Maior Leal. *Os 33 Graus do R∴E∴A∴A∴*. Editora Mandarino Ltda., Rio de Janeiro.

Civita, Victor. *Coleção Folha Grande Nomes do Pensamento*. Abril S.A., São Paulo (2015).

De Plácido e Silva. *Vocabulário Jurídico*. Cia. Editora Forense (1967).

Acquaviva, Marcus Cláudio. *Dicionário Jurídico Brasileiro*. Editora Jurídica Brasileira, São Paulo.

Pat e David Alexandre. *Manual Bíblico SBB*. Sociedade Bíblica do Brasil (2011).

Dicionário Contemporâneo da Língua Portuguesa. Editora Delta, Rio de Janeiro (1964).

Grande Enciclopédia Larousse Cultural. Editora Nova Cultural, São Paulo.

Bíblia. Abril Cultural, São Paulo (1976).

Dicionário Esotérico Zaniah. Editora Kier, Buenos Aires (1982).

Dicionário de Mitologia Greco-Romana. Abril Cultural, São Paulo (1976).

JJ. Romen e Zonen. *Dicionário Enciclopédico da Bíblia*. Editora Vozes, Lisboa (Portugal).

Anatalino, João. *Estudos Maçônicos*. Vários Textos, Cavaleiro do Oriente (2011).

Piéron, Henri. *Dicionário de Psicologia*. Editora Globo, Rio de Janeiro.

Brugger, Walter. *Dicionário de Filosofia*. Editora Herder, São Paulo (1969).

Jolivet, Régis. *Tratado de Filosofia (MORAL)*. Livraria Agir Editora, Rio de Janeiro (1966).

Mackenzie, John L. *Dicionário Bíblico*. Edições Paulinas, São Paulo (1984).

GOOGLE (Pesquisas de vários artigos).

Leitura Recomendada

O Livro de Hiram
Maçonaria, Vênus e a Chave Secreta para a Revelação da Vida de Jesus

Christopher Knight e Robert Lomas

Quando os maçons Christopher Knight e Robert Lomas decidiram pesquisar as origens dos velhos rituais de sua Ordem, não esperavam se envolver com a Astronomia Pré-histórica, nem emaranhar-se no desenvolvimento do Cristianismo. Catorze anos depois, eles concluem sua missão com O Livro de Hiram. A obra traz novas e explosivas evidências desenhadas pelas últimas descobertas arqueológicas, pela Bíblia e por antigas versões dos rituais maçônicos.

Girando a Chave de Hiram
Tornando a Escuridão Visível

Robert Lomas

Há muito tempo a Ordem necessita de um livro sério a respeito de seus aspectos espirituais. Depois do sucesso de O Livro de Hiram, publicado pela Madras Editora, Girando a Chave de Hiram veio para preencher essa lacuna com o projeto de explorar os profundos sentimentos que a Maçonaria provoca no autor — Robert Lomas.

As Origens da Maçonaria
O Século da Escócia (1590-1710)

David Stevenson

O tema sobre as origens da Maçonaria sempre foi inesgotável entre maçons e estudiosos, que, freqüentemente, encontram-se em um terreno complexo e confuso que apresenta diversas possibilidades quanto à sua verdadeira procedência.

O Templo e a Loja
O Surgimento da Maçonaria e a Herança Templária

Michael Baigent e Richard Leigh

Neste cativante relato de investigação histórica, os autores de The Holy Blood and The Holy Grail traçam a fuga dos Cavaleiros Templários, a partir de 1309, da Europa para a Escócia, onde a herança templária fincou raízes e seria perpetuada por uma rede de relações entre as famílias nobres.

www.madras.com.br

MADRAS Editora

CADASTRO/MALA DIRETA

Envie este cadastro preenchido e passará a receber informações dos nossos lançamentos, nas áreas que determinar.

Nome _____
RG _____ CPF _____
Endereço Residencial _____
Bairro _____ Cidade _____ Estado _____
CEP _____ Fone _____
E-mail _____
Sexo ❑ Fem. ❑ Masc.   Nascimento _____
Profissão _____ Escolaridade (Nível/Curso) _____

Você compra livros:
❑ livrarias   ❑ feiras   ❑ telefone   ❑ Sedex livro (reembolso postal mais rápido)
❑ outros: _____

Quais os tipos de literatura que você lê:
❑ Jurídicos   ❑ Pedagogia   ❑ Business   ❑ Romances/espíritas
❑ Esoterismo   ❑ Psicologia ❑ Saúde   ❑ Espíritas/doutrinas
❑ Bruxaria   ❑ Autoajuda   ❑ Maçonaria ❑ Outros:

Qual a sua opinião a respeito desta obra? _____
_____

Indique amigos que gostariam de receber MALA DIRETA:
Nome _____
Endereço Residencial _____
Bairro _____ Cidade _____ CEP _____

Nome do livro adquirido: **Grau 15 – Cavaleiro da Espada e do Oriente**

Para receber catálogos, lista de preços e outras informações, escreva para:

MADRAS EDITORA LTDA.
Rua Paulo Gonçalves, 88 – Santana – 02403-020 – São Paulo/SP
Caixa Postal 12183 – CEP 02013-970 – SP
Tel.: (11) 2281-5555 – Fax.:(11) 2959-3090
www.madras.com.br

MADRAS Editora

Para mais informações sobre a Madras Editora,
sua história no mercado editorial
e seu catálogo de títulos publicados:

Entre e cadastre-se no site:

www.madras.com.br

Para mensagens, parcerias, sugestões e dúvidas, mande-nos um e-mail:

marketing@madras.com.br

SAIBA MAIS

Saiba mais sobre nossos lançamentos,
autores e eventos seguindo-nos no facebook e twitter:

@madrased

/madraseditora